액세서리에서 바구니까지 일상 소품 23

처음 시작하는 라탄 공예

지금이책

라탄 바구니 교실 '쓰무기'

일본 후쿠오카 현에 있는 라탄 바구니 교실 쓰무기.
이곳은 시바타 후미코 씨, 딸인 마리코 씨와 미사코 씨까지 모녀 셋이 운영하는 라탄 바구니
공방 겸 교실입니다.

2007년 1월.
쓰무기의 첫걸음은 텐진 역에서 가까운 벚꽃 언덕의 '가오리장'에서 시작되었습니다. 당시 가
오리장은 포목점과 카페 등이 입점한 낡은 상가주택이었는데 쓰무기는 이곳에서 출발했습니
다. 사람들을 연결하는 인연을 만들어가고 싶은 마음 그대로 교실에는 수많은 사람들이 모였
고, 라탄 바구니를 만들며 둘러앉은 사람들의 원이 점점 커졌습니다. 곧 가오리장이 재건축을
하게 되자 쓰무기의 무대는 고개를 넘어 이즈카로 옮겨왔으며, 마리코 씨는 교토에서도 교실
을 운영하기 시작했습니다.

그리고 현재. 이즈카의 교실 밖으로는 녹음이 우거진 산줄기와 넓은 논밭이 펼쳐집니다. 36년
남짓 강사로 활동하고 있는 후미코 씨의 오랫동안 등나무와 함께해온 생활이 새겨진 곳입니
다. 이곳 쓰무기에서 제안하는 라탄 바구니는 어머니와 딸의 세대 간 장벽을 넘어서 어느 세
대의 생활에나 잘 어울리는 멋진 사용법을 알려줍니다. 향수를 불러일으키는 한편 새로운 감
각을 더해 절묘하게 조절하는 것이 쓰무기의 매력일 것입니다.

재료는 라탄 중에서도 비교적 쉽게 구할 수 있는 '환심'을 사용합니다. 교실을 떠나 혼자서도
배운 것을 계속 만들 수 있도록 후미코 씨가 고려한 부분입니다.

라탄 바구니는 바라보는 소품이 아니라 사용하는 물건입니다.
애지중지하며 길들여가는 물건.
제대로 짠 바구니는 쉽게 망가지지 않습니다.

그것이 쓰무기가 전하는 라탄 바구니입니다.

+++ Contents

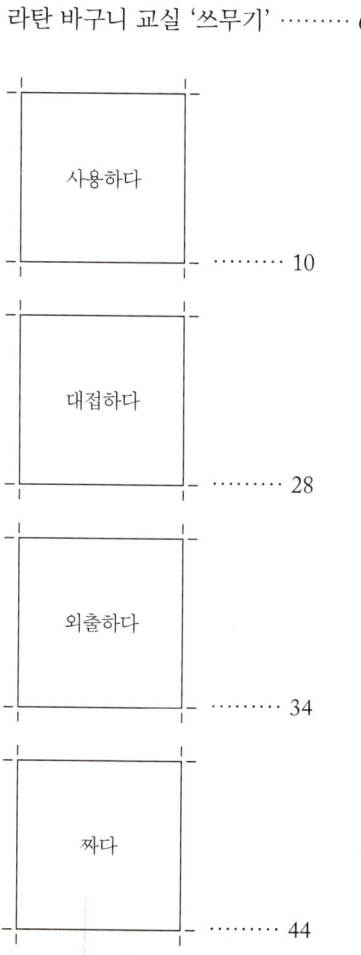
※ P.10~49에서는 라탄 소품의 사용 방법을 제안하므로 모든 작품의 만드는 방법을 소개하지는 않습니다. 만드는 방법이 있는 작품은 [A. 링 만드는 방법_P.74] 와 같이 표기했습니다.

만드는 방법

사용하다

대나무나 으름덩굴, 포도 등 다양한 천연 소재의 바구니가 옛날부터 생활의 여러 장면에서 사용되어왔습니다. 갓 수확한 채소 및 과일을 담거나 식기를 수납하기도 하고 물건을 옮기거나 분류하는 등에도 쓰이는 생활 도구로 늘 주위에 있었습니다. 라탄 바구니도 그중 하나입니다.

지금은 사람들의 라이프스타일이나 주거 환경이 다양해지고 그에 맞춰서 값싸고 편리한 일용품도 늘어났습니다. 집에 구입한 라탄 바구니가 있는 사람도 꽤 많지 않나요?

하지만 물건이 넘쳐나는 요즘 시대이기에 필요한 물건을 신중하게 골라서 오래 사용하는 생활방식도 나쁘지 않다고 생각합니다. 라탄 바구니는 '이런 물건을 갖고 싶다'고 생각한 대로 직접 만들어 쓸 수 있지요. 가볍고 통기성이 좋으며 용두에 따라 모양이나 크기도 자유롭게 만들 수 있습니다. 여름에는 시원하고 겨울에도 완전히 차가워지지 않는 식물만의 부드러운 감촉도 매력입니다.

이를테면 테이블이나 욕실에 놓아보세요. 사용 방법은 자유입니다. 온기가 넘치는 라탄 바구니를 일상생활에 더하는 것만으로 분명히 마음이 힐링될 것입니다.

티타임에는 라탄 바구니를 북유럽 식기와 조합해보세요. 주인공인 디저트는 얕은 바구니에 원형 받침을 더한 케이크 스탠드에 올리고 티포트 밑에는 냄비받침을 놓습니다. 라탄 소재는 때가 타도 물로 씻어서 말리면 다시 깨끗하게 사용할 수 있습니다. 그래서 음식이나 식기를 올려도 안심할 수 있어요.

P. 냄비받침 만드는 방법_P.118

받침이 있는 바구니는 작은 디스플레이에 잘
어울린답니다. 액세서리나 기념 소품 등을
담아서 장식해도 좋아요.

12

왼쪽 / 혼자 차를 마실 때도 코스터를 사용해보세요. 늠름한 자태를 뽐내며 청량한 느낌을 줍니다. 십자 바닥으로 짠 꽃 플레이트(소)를 사용했어요. 초심자도 쉽게 짤 수 있는 아이템입니다. 여러 개를 만들어서 손님 접대에도 사용해보면 어떨까요?

F. 꽃 플레이트(소) 만드는 방법_P.94

오른쪽 / 소박한 라탄 소품은 어떤 식기에나 잘 어울려서 기분이 좋습니다. 그래도 망설여질 때는 흰색 식기 아래 리넨을 깔아보세요. 테이블에 나올 요리가 한층 돋보인답니다.

갈색으로 염색한 냄비받침입니다. 시크한 색으로 물들이면 오래 쓴 그릇이나 가구와도 조화를 잘 이룹니다. 시작은 우물정# 바닥으로 짜서 가운데의 두께를 균일하게 맞췄습니다. 불에 그을리거나 얼룩이 졌을 때 염색해보는 방법도 추천합니다.

염색하는 방법_P.66

바구니에 제철 과일을 담으면 계절이 느껴집니다. 단순하지만 이런 사소한 일들이 거듭 쌓여서 풍요로운 생활을 손에 넣을 수 있는 것이겠죠. 먼저 눈으로 느껴보세요. 포도를 담은 바구니는 바닥에 나무판을 사용한 안정감 있는 타입인데 옆면이 활처럼 굽은 모양이 인상적입니다. 딸기, 무화과, 밤, 귤. 사계절에 따라 담는 과일이 달라져도 이 바구니는 그때마다 시적인 정취가 넘치는 장면을 즐길 수 있게 해줍니다.

엮어 마무리로 완성한 채반에는 구운 과자나 빵 등을 올려도 좋아요. 지름은 약 20센티
미터이며 라탄으로 만드는 작품 중에서 가장 기본적인 디자인입니다. 어려운 기법은 없
지만 무시하지 마세요. 마지막까지 균일한 모양으로 빈틈없이 짤 수 있게 되면 완성도
에 매우 큰 차이가 생깁니다. 때가 탈까 염려될 때는 같은 크기의 유리접시를 위에 겹쳐
사용해도 멋지답니다.

D. 채반(중) 만드는 방법_P.86

쓰무기에서는 봄에 뽕잎차를 곧잘 만듭니다. 바구니에 담은 것은 집 정원에서 딴 뽕잎이에요. 손잡이를 한 개로 하면 손잡이를 쥐고서도 물건을 넣고 빼기 쉽고, 한 손으로 쉽게 들 수 있습니다. 입구는 이중으로 땋아 마무리해서 장식했습니다.

뚜껑이 있는 바구니는 매우 편리해서 아끼는 물건입니다. 통기성이 좋은데다 먼지가 앉지 않아서 식품이나 식기, 행주 등을 수납하기에 적합합니다. 장식을 없앤 만큼 바구니와 뚜껑의 사릿대가 조화를 이룬 직선의 아름다움이 두드러집니다. 심플하고 모던하며 실용적이면서도 보기에 아름답지요. 이 바구니는 나이아 성별에 상관없이 오랫동안 꾸준히 사용할 수 있을 것입니다.

N. 뚜껑 있는 바구니 (뚜껑) 만드는 방법 P.116
O. 뚜껑 있는 바구니 (바구니) 만드는 방법 P.117

교실에서 차를 대접할 때도 이대로 테이블에 올립니다. 찻
잔은 후쿠오카 현 아사쿠라에 가마가 있는 고이시와라야
키. 도비칸나[반죽해서 만든 그릇 등을 물레 위에 올려놓고 돌려가며 공
구의 날 끝을 사용해서 연속적인 무늬를 넣는 기법—옮긴이]라고 불리는
독특한 무늬가 멋져서 구입했습니다. 바구니와 뚜껑의 지
름은 같습니다. 뚜껑은 트레이 대신 사용할 수도 있습니다.
아와지 매듭을 응용한 물수건받침과 함께 사용해보세요.
※찻잔은 고이시와라야키 후쿠시마 하코부가마, 후쿠시마 슈사쿠 씨 작품.

R. 물수건받침 만드는 방법 P.126

얼른 풀어보고 싶은 도시락 바구니. 어른이 되어도 그 두근거리는 느낌은 변함
없습니다. 이 도시락 바구니는 바닥이 둥근 바구니에 천을 꿰매 붙여서 손잡이
로 만들었습니다. 빵은 유산지, 주먹밥은 무늬목을 깔아서 담아보세요. 바구니
옆면은 천을 쉽게 꿰매 붙일 수 있게 화살깃무늬로 엮어서 바늘을 끼워 넣을 틈
을 만들었습니다.

J. 도시락 바구니 만드는 방법 P.104

잠깐 외출할 때 열쇠와 지갑, 손수건을 넣는 가방으로 사용해도 바닥이 완만한 곡선을 이루고 있어서 매우 부드러운 인상을 줍니다.
손잡이 천은 분위기 있는 리넨 등을 선택하면 자연스러운 느낌의 옷과 잘 어울린답니다.
※도시락 바구니의 천 부분 제작은 수예 디자이너 니시야마 마사코 씨가 협력해주었습니다.

G. 꽃 플레이트 (대) 만드는 방법_P.96

라탄을 엮어 만든 것은 하나같이 표정이 풍부
합니다. 채반이나 플레이트, 속이 깊은 바구니
를 만들 때는 기초를 이루는 바닥 부분도 디자
인의 중심이 됩니다.

다양한 용도가 머릿속에 저절로 떠오르는 납작한
꽃 플레이트. 크기를 달리해서 우물정 바닥으로
짠 작품입니다. 꽃 한두 송이를 꽃을 만한 꽃병을
놓을 경우 작은 사이즈, 빵을 직접 올려놓을 경우
에는 큰 사이즈를 사용합니다. 여러 개를 늘어놓
고 손님용 앞접시로 사용해도 좋아요.

하나만 있어도 근사해 보이는 엮어 마무리로 완성한 라탄 채반.
이 채반은 우물정 바닥으로 짰으며, P.20의 라탄 채반은 쌀미米
바닥으로 짰습니다.

나선엮기와 막엮기를 조합한
야트막한 바구니는 심플하지만
매우 사용하기 편한 아이템입니
다. 기능미를 갖춘 도구에는 품
위가 있습니다.

겨울에는 법랑주전자, 여름에는
유리병을 올려두세요. 라탄으로
만든 냄비받침은 일 년 내내 활약
하는 유능한 도구입니다. 나선엮
기는 바구니 바닥을 짤 때 기초가
되기도 합니다.

P. 냄비받침 만드는 방법 P.118

사람들의 생활은 각양각색이며 원하는 것도 저마다 다릅니다. 그 바람에 다가갈 수 있는 유연함이 있기에 라탄은 옛날부터 친숙하게 사용되어왔습니다. 예를 들면 라탄 링을 연결해서 만든 발은 현대풍 인테리어와도 조화를 이룹니다.

A. 링 만드는 방법_P.74

생활에 잘 어울리는 라탄

바늘꽂이는 쓰무기 워크숍에서도 인기 있는 아이템입니다. 원형 바늘꽂이는 날대를 7줄로 해서 작고 동글동글한 모양을 완성했습니다. 꽃 바늘꽂이는 스캘럽 마무리(하상하 마무리)로 해서 테두리를 장식했습니다. 바늘을 꽂는 쿠션 부분은 바구니 크기에 맞춰서 취향에 따라 만들어보세요.

H. 꽃 바늘꽂이(위쪽 두 개) 만드는 방법_P.98
I. 원형 바늘꽂이(아래쪽) 만드는 방법_P.100

바구니는 자주 사용하거나 서랍 등에 보관할 수 없는 물건을 수납하기에 딱 좋아요. 자질구레한 바느질 도구를 아무렇게나 담아놓기만 해도 귀엽습니다. 이 장식 바구니는 손바닥에 올릴 수 있는 크기라서 어디에나 부담 없이 올려놓을 수 있습니다. 테두리 장식이 있는 만큼 작업 난도가 조금 높은 편입니다.

K. 장식 바구니 만드는 방법_P.110

큼직한 바구니 중에서 활약할 기회가 많은 것이 휴지통입니다. 바닥에 놓았을 때 안정감이 느껴지는 기본적인 크기입니다. 하지만 사용하는 사람에 따라 용도는 제각각이에요. 둘둘 만 러그를 수납하거나 꽃병을 넣어서 꽃을 꽂는 등 생각지 못했던 새로운 용도를 발견할 때마다 **라탄** 바구니가 가신 무궁무진한 가능성을 느끼지 않을 수 없답니다. 이 휴지통은 P.18의 도시락 바구니와 P.23의 장식 바구니를 응용해서 만든 것입니다. 날대 수를 늘려서 높이를 줬습니다. 입구 쪽이 조금 널찍해서 완만한 역사다리꼴 구조를 이룹니다. 엮는 방법을 하나씩 제대로 익히면 만들 수 있는 아이템의 폭이 넓어지는 것도 라탄 바구니 만들기의 재미랍니다. 다음에는 이런 게 갖고 싶어, 하는 마음이 바구니 만들기의 원동력입니다.

M. 휴지통 만드는 방법_P.115

바구니는 시간의 흐름과 함께 색의 깊이가 더해지고 광택이 납니다. 그래서 오래 사용하려면 '주의 해서 사용하는' 것이 아니라 '주의해서 짜는' 것이 중요합니다. 제대로 짠 라탄 바구니는 막 아무렇게 나 다뤄도 힘을 발휘합니다. 우리 집에 있는 빨래 바구니도 오래된 물건인데 색이 더 좋아졌답니다.

주위에 하나쯤

위 / 쓰무기에서는 '이중 바구니'라고 부르는 트레이. 완만한
유선형을 이루는 모던한 라탄 바구니입니다. 열쇠나 액세서리
등 자칫 잃어버리기 쉬운 물건을 두는 곳으로 사용해보세요.
아래 / 어중간하게 남은 라탄은 아로마 스틱으로 재활용할 수
있어요. 현관, 거실, 욕실 등 사람이 드나드는 장소에 자연스러
운 향기 효과를 주면 어떨까요?

위 / 뚜껑이 있는 직사각형 바구니
는 수납상자로는 물론 식탁의 수저
통, 도시락통으로도 사용할 수 있습
니다. 뚜껑만 단독으로 트레이나 장
식 받침이 되기도 합니다.
아래 / 생활감이 느껴지는 일용품
보관함으로도 바구니를 추천합니다.
청결하게 사용하고 싶은 세면실을
정리할 때도 매우 편리합니다. 내용
물이 신경 쓰인다면 천을 덮어서 가
려도 좋아요.

L. 소품 바구니 만드는 방법 _P.114

다양한 용도

대접하다

일상에서 흔히 볼 수 있는 식기나 과자에 라탄을 더해주는 것만으로 테이블에 특별한 느낌이 생겨납니다. 아마 그 이유는 깨끗하게 엮인 라탄의 탄탄한 모양이 동양도 서양도 아닌 또 다른 특별한 세계를 연출하기 때문 아닐까요? 라탄 트레이에 1인분씩 다과를 세팅하거나 포장된 과자를 라탄 채반으로 서빙하는 등 위에 올릴 것을 일부러 작게 해서 여백을 살린 상차림도 매력적입니다. 접대용 테이블을 차리는 요령은 아주 간단합니다.

시간이 있을 때 채반이나 트레이를 몇 인분씩 만들어놓는 것도 좋아요. 불시에 손님이 방문했을 때 수량이 갖춰져 있는 것만으로도 깔끔하게 정리된 분위기가 느껴지거든요.

그리고 또 하나 추가하고 싶은 것은 작은 꽃입니다. 화려한 꽃보다 뜨문뜨문 부담 없이 놓인 꽃을 보면 마음이 편안해집니다. 크리스마스나 설날 등의 이벤트에는 리스도 추천합니다.

어느 것이든 길이가 짧은 남은 라탄을 잘 이용해서 만들 수 있으니 시험해보기 바랍니다.

커다란 바구니에 꽂은 것은 앞마당에서 자라는
실버 올리브입니다. 때로는 나뭇가지를 사용한
과감한 장식도 신선합니다. 집 안에 놓을 경우
에는 P.24의 휴지통을 이용해도 좋아요.

위 / 물고기를 잡아 담아두는 어롱 같은 바구니에 작은 병을 넣어서 꽃병으로 활용했습니다. 사람을 맞이하는 꽃은 사랑스럽게 몇 가지를 나란히 장식합니다.
아래 / 손잡이가 달린 작은 바구니에 클레마티스를 자르지 않고 아무렇게나 꽂았습니다. 점잖은 인테리어로 통일할 때는 강조 효과를 줄 수 있는 꽃 한 송이를 장식합니다. 수수하고 정적인 느낌을 멋스럽게 표현해보세요.

크리스마스

징글벨 음악이 거리에 흘러나올 무렵. 매년 라탄 교실의 수강생들과 함께 크리스마스용 리스를 만듭니다. 장식할 꽃이나 식물을 쓰무기의 뒷산에서 꺾어 오는 것도 즐거움 중 하나지요. 어중간하게 남은 라탄이나 바구니를 짜기에는 너무 딱딱해서 부적합한 라탄을 둥글게 구부려서 토대를 만들고 유칼립투스 잎이나 열매, 침엽수 가지, 드라이플라워 등을 마끈으로 동여맵니다.

리스 만드는 방법_P.97

설날

연말연시는 일 년 중에서도 가장 손님이 많이 오는 시기입니다. 시중에서 판매하는 멋진 장식도 좋지만 소나무나 남천, 포장끈 등으로 멋을 낸 심플한 리스도 나름대로 좋아요. 라탄 리스는 가벼워서 문 등에도 손쉽게 매달 수 있답니다. 자른 꽃 여분은 물에 담가놓았다가 시들면 바꿔서 꽂아주세요.

리스 만드는 방법_P.97

외출하다

손잡이가 달린 바구니는 여러 개가 있어도 좋습니다. 짐을 아무렇게나 넣어서 가볍게 막 들고 다닐 수 있어서 매우 편리합니다. 쓰무기 교실에서도 모두가 한 번은 만드는 아이템인데 저마다 원하는 디자인이 천차만별입니다. 아마 사용 목적이나 자신이 갖고 있는 옷과의 조합을 쉽게 상상할 수 있기 때문일 거예요. 그런 머릿속의 이미지를 형태로 만드는 것이 이 바구니를 만드는 묘미이기도 합니다. 라탄 바구니는 시간의 흐름에 따라 깊이 있는 황갈색으로 변하기는 해도 망가지는 일은 거의 없습니다. 재료도 라탄만 사용해서 손상된 부분도 바로 고칠 수 있습니다. 이처럼 안심할 수 있다는 점이 최고의 매력입니다.

물론 생각대로 완성하려면 익혀놓아야 할 기법 몇 가지가 있습니다. 이는 도저히 피할 수 없는 길입니다. 그러니 초심자는 부디 초조해하지 말고 소품부터 차근차근 만들어보세요. 급할수록 돌아가라. 사실 이것이 지름길이랍니다.

기본적인 장바구니. 그냥 바닥에 올려놓는 것
만으로도 그림이 되는 존재감이 있습니다. 가
볍고 작은 사이즈라서 거리를 거닐 때 딱 알맞
아요. 옆에서 보면 손잡이가 안쪽을 향해 팔八
자 모양인 것을 알 수 있습니다. 들기 편하게
하기 위한 사소한 고집이랍니다.

S. 장바구니 만드는 방법_P.130

라탄 액세서리는 매우 섬세합니다. 바레트 핀, 뱅글, 귀걸이, 목걸이, 머리끈. 사용하는 라탄은
바구니를 짜는 것보다 조금 가늘어서 한 바퀴마다 흐르는 라인에 여성스러움이 생겨납니다.
여러 색으로 물들이면 또 새로운 표정을 보여준답니다. 바닥에 나무판을 댄 얇은 트레이를 보
관함으로 만들었습니다.

B. 목걸이 참 장식 만드는 방법_P.76 , 머리끈 만드는 방법_P.128

아와지 매듭으로 만든 작은 구슬에 귀걸이 침을 붙였습니다.

물 흐르듯 서로 얽혀 있는 라탄의 모양이 인상적
인 뱅글.

아와지 매듭을 응용한 프랑스풍 비녀핀은 회색을
잘 살려서 우아해 보이게 했습니다.
비녀는 밝고 화려하며 자연스럽게 만들었어요.

프랑스풍 비녀핀, 비녀 만드는 방법_P.128

배 모양의 바구니. 폭이 넓은 입구가 비뚤어지지 않도록 감아 마무리했습니다. 둥근 느낌의 부드러운 모양이
라서 볼륨감 있는 스커트 차림에도 잘 어울립니다.

직사각형 바구니. 바닥에서 올라오는 옆면은 3줄
꼬아엮기로 단단하게 고정했습니다. 선명한 느낌
의 바구니는 평소의 팬츠 스타일을 세련되게 보여
줍니다. 내려놓았을 때의 안정감도 기분 좋아요.

부채 모양의 바구니. 입구의 양옆이 경사를 이루고 있어서 물건을
넣고 빼기 편해요. 독특한 실루엣으로 장식 효과를 줍니다.

원형 액세서리. 짧은 시간에 만들 수 있는 라탄 링을 목걸이 참 장
식으로 했습니다. 시원한 인상을 주지만 진한 색으로 물들이면 가
을, 겨울의 시크한 복장에도 잘 어울린답니다. 부드러운 감촉의
질 좋은 라탄을 선택하면 고급스럽게 완성됩니다.

B. 목걸이 참 장식 만드는 방법_P.76

도토리 모양 바구니. 이것은 쓰무기의 오픈 초기부터 마크로 삼아 도장을 만들거나 간판에 그리는 등 활용해온 터라 특별한 감정이 담긴 바구니입니다. 동글동글한 모양은 어릴 때부터 줍곤 했던 도토리를 연상했어요. 여유롭고 재치 있는 옷차림에 조합해보세요.

※이 책에서는 십자 바닥으로 짠 바구니를 소개합니다.

Q. 도토리 모양 바구니 만드는 방법_P.122

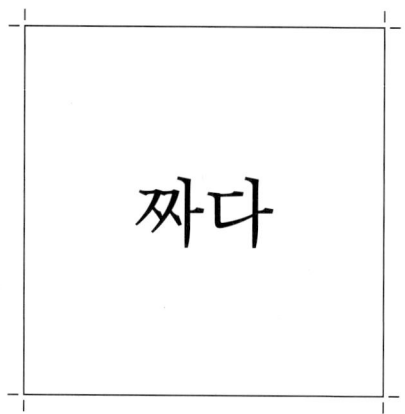

짜다

라탄 바구니는 손가락의 감각으로 짜는 물건입니다.

이것만큼은 말로 설명하거나 견본을 보여줘도 좀처럼 잘 전달되지 않습니다. 실제로 직접 만들어보고 '아, 이런 것이구나' 하고 느끼는 것이 매우 중요합니다. 이런 느낌을 거듭 경험하다 보면 자신이 만드는 것을 '이 정도면 충분해'라고 판단할 수 있게 됩니다. 실패해도 괜찮아요. 실패한 원인을 찾아 고민하면 더 잘 짤 수 있습니다. 잘못해도 포기하지 말고 다시 짜면 돼요. 그렇게 생각하면 라탄 바구니 만들기는 날대와 사릿대가 만들어내는 인생과 비슷한 기분이 듭니다.

라탄 바구니에는 '보여주기' 위한 화려한 기법이 많습니다. 만들기가 즐거운 시기에는 그런 기법만 시도하고 싶을 때도 있지요. 하지만 한숨 돌리며 즐겨 사용하는 바구니를 둘러보면 의외로 심플하고 기본적인 바구니가 낳습니나. 어떤 바구니를 원하는지, 또 어떤 모양으로 만들고 싶은지 생각해보세요. 라탄이라는 자연의 혜택을 사랑하고, 만드는 사람과 라탄 바구니의 이미지에 대해 서로 의논하며 모양을 만들어가는 곳이 쓰무기 교실입니다.

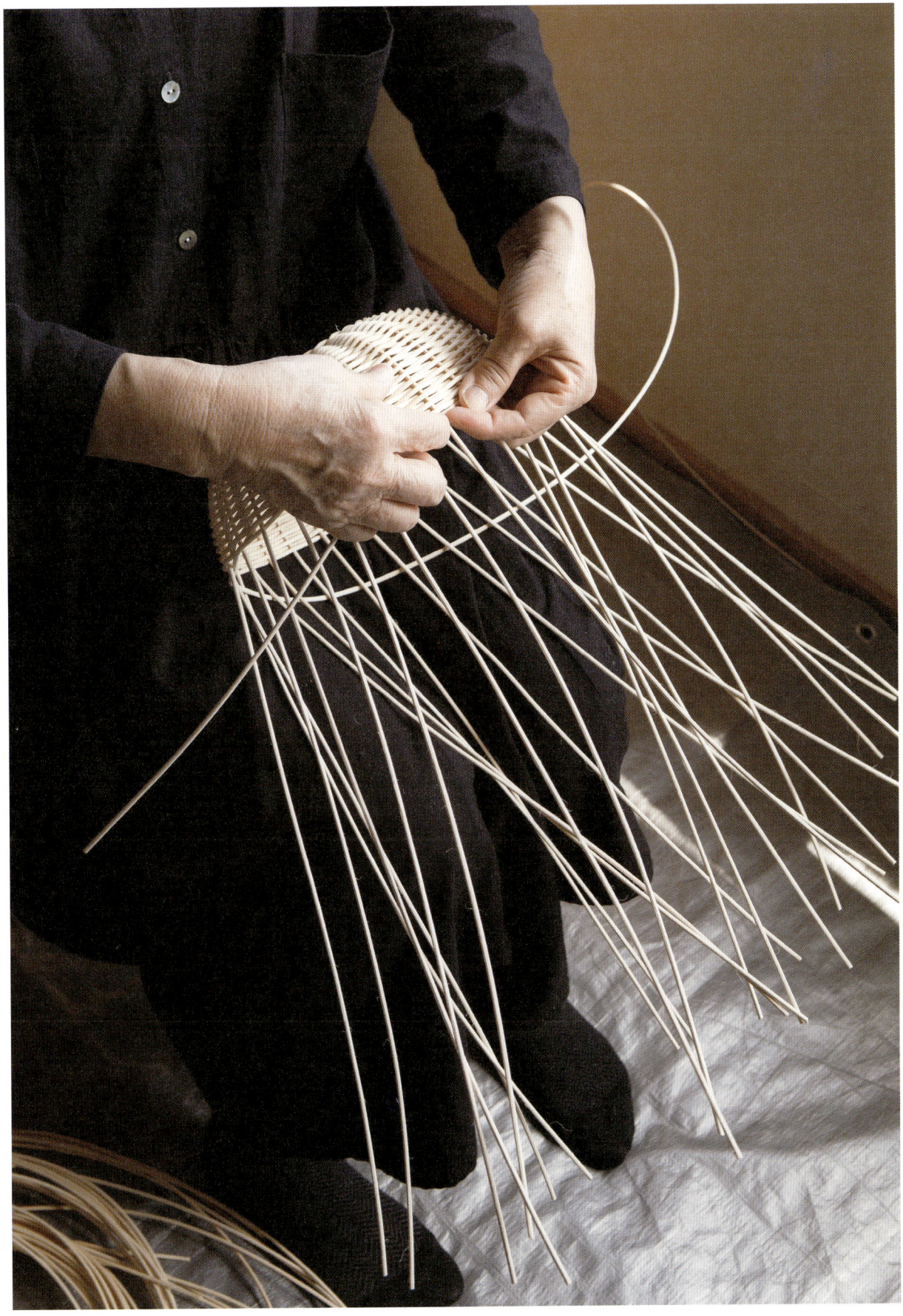

라탄 바구니 교실 쓰무기의 시작 지점인 가오리장에서 찍은 사진. 누구나 '어머니'라고 부르며 좋아하는 후미코 씨는 라탄 바구니를 만들기 시작한 지 36년 남짓 된 라탄 공예 전수자입니다. 농가에서 태어나 손수 만든 다양한 생활용품에 둘러싸여 자랐습니다. 인생은 만드는 것, 음식은 물론 주위에서 흔히 보는 도구와 옷까지요. 라탄 공예가인 하세가와 마사카쓰 씨에게 사사했으며 1982년 하세가와 공예회 강사 면허를 취득해 지금도 여전히 웃는 얼굴로 교실을 운영하고 있습니다.

촬영_photo office overhaul 오쓰카 히로마사

후미코 씨의 어머니가 생전에 병원에 가거나 시장을 볼 때 애용했던 피등으로 만든 바구니. 후미코 씨가 라탄 공예를 배우던 중 시중에서 판매하는 책을 보고 자신의 것과 세트로 만든 추억의 물건이라고 합니다. 깊이 있는 광택과 진한 색에 오랜 세월이 느껴집니다.

후미코 씨의 두 딸은 그녀와 함께 쓰무기에 힘을 보태고 있습니다. 이 라탄 모자는 30여 년 전에 라탄 공예를 시작한 지 얼마 안 된 무렵의 후미코 씨가 책을 보며 딸들을 위해 만든 것입니다. 두 딸은 이런 식으로 어릴 때부터 라탄에 둘러싸여 물건 만들기의 소중함을 피부로 직접 느끼며 성장했습니다. 때때로 인생의 기로에 설 때면 라탄 공예를 하기 어려운 경우도 있지만 아이를 키우는 틈틈이 만지는 라탄에 마음이 편안해진다고 합니다. 이 자매 또한 라탄을 다음 세대로 이어가는 사람들입니다.

사진 속의 모자를 쓰고 있는 사람은 후미코 씨의 손녀입니다. 모자 색은 황갈색으로 변했지만 손상된 부분은 전혀 없습니다. 이런 식으로 자연스럽게 라탄 공예의 씨를 뿌려서 어린이 세대에게도 확실히 뿌리내렸습니다.

10년쯤 전에 후미코 씨가 손주들을 위해서 만든 아기 침대. 물 흐르는 듯한 테두리의 곡선을
고집해서 디자인했습니다. 바구니 부분은 분리할 수 있게 만들었어요.

앞마당에서 싹이 난 누에콩
을 보다 아이디어가 떠오른
라탄 딸랑이. 손주들도 사용
한 물건이랍니다. 니스를 바
르지 않아서 입으로 빨아도
괜찮아요.

마음을 담아

이곳에서

바구니를 짜기 전에

이 장에서는 작품에 사용한 라탄(환심)에 대한 설명과 기본적인 기법을 정리했습니다.

처음 라탄을 짜는 사람에게 도움이 되었으면 좋겠습니다.

기법명 중에는 쓰무기 교실에서 사용되고 있는 독자적인 명칭도 있습니다.

라탄을 짜기 전의 준비 및 수납 방법 등에 관한 지식도

라탄 공예를 오래 즐기는 데 유용하게 쓰기 바랍니다.

라탄(환심)에 대해서

이 책의 바구니에 사용한 라탄(환심)에 대해 설명합니다.

라탄이란?

라탄, 즉 등나무는 열대우림지역인 동남아시아 (인도네시아, 말레이시아, 태국 등)에 자생하는 야자과의 덩굴식물입니다. 성장이 빠르고 부드러워서 잘 꺾이지 않는 것이 특징입니다. 가볍고 통기성이 좋아서 옛날부터 바구니나 가구에 쓰여왔어요. 공예 재료로 수입되는 라탄은 재질이나 가공 방법에 따라 종류가 다양하게 나뉩니다. 겉껍질이 붙어 있는 환등, 환등의 겉껍질을 얇게 뽑은 납작한 피등 등을 예로 들 수 있습니다.

환심에 대해서

환심은 환등의 중심 부분만 대오리 모양으로 둥글게 뽑은 것입니다. 딱딱한 겉껍질을 제거해서 부드럽고 짜기가 매우 편합니다. 굵기는 1㎜에서 10㎜까지 있는데 천연소재인 만큼 각 줄마다 단단한 정도나 길이가 일정하지 않습니다. 색은 소재 그대로인 것과 표백된 것으로 크게 나뉩니다. 이 책의 만드는 방법에서 소개한 바구니는 전부 이 환심을 사용했습니다.

-⊹- **이 책의 바구니에는 굵기 2~2.5㎜의 환심을 추천합니다**

이 책에서 만드는 방법을 소개한 바구니는 굵기 2㎜ 또는 2.5㎜의 환심으로 짰습니다. 초심자도 쉽게 짤 수 있는 굵기이며 또한 이렇게 분류해서 기둥이 되는 날대(P.60)의 이상적인 간격을 외우기 쉽게 했습니다. 참고로 굵기 2㎜의 경우는 날대 간격 2㎝, 굵기 2.5㎜의 경우는 날대 간격 2.5㎝가 기준입니다(바구니 모양에 따라 예외는 있습니다).

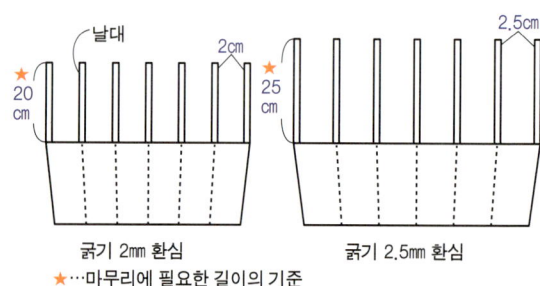

굵기 2㎜ 환심　　　　　굵기 2.5㎜ 환심

★…마무리에 필요한 길이의 기준

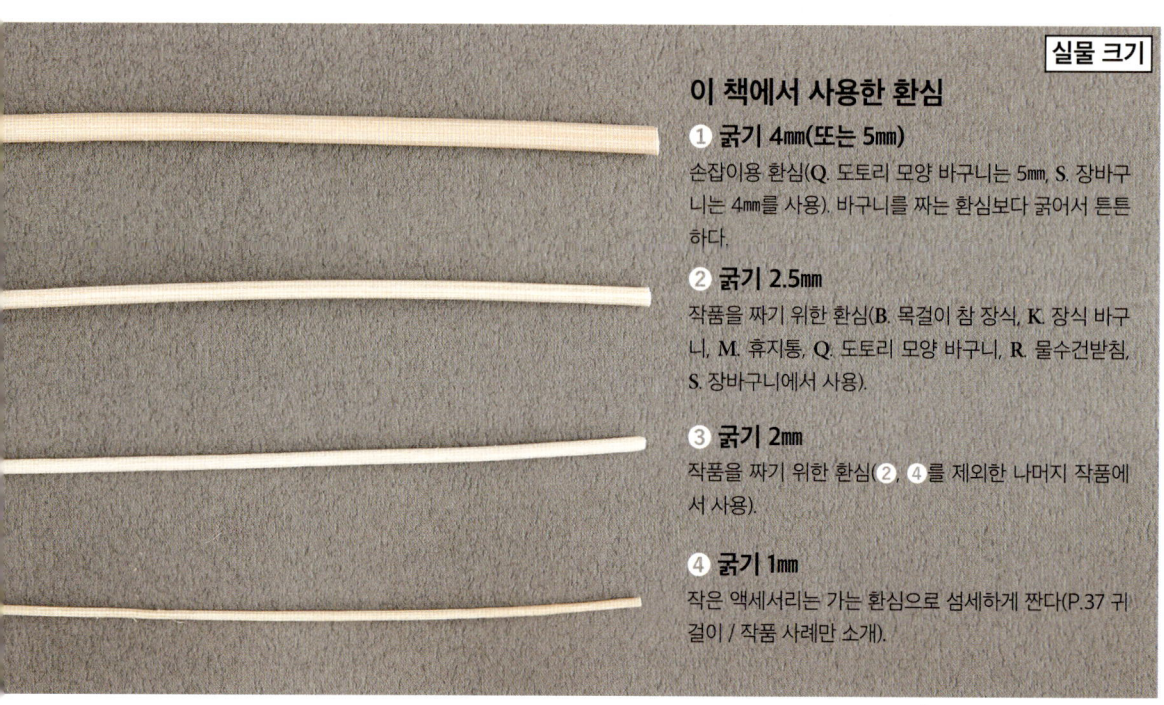

실물 크기

이 책에서 사용한 환심

❶ **굵기 4㎜(또는 5㎜)**
손잡이용 환심(Q. 도토리 모양 바구니는 5㎜, S. 장바구니는 4㎜를 사용). 바구니를 짜는 환심보다 굵어서 튼튼하다.

❷ **굵기 2.5㎜**
작품을 짜기 위한 환심(B. 목걸이 참 장식, K. 장식 바구니, M. 휴지통, Q. 도토리 모양 바구니, R. 물수건받침, S. 장바구니에서 사용).

❸ **굵기 2㎜**
작품을 짜기 위한 환심(❷, ❹를 제외한 나머지 작품에서 사용).

❹ **굵기 1㎜**
작은 액세서리는 가는 환심으로 섬세하게 짠다(P.37 귀걸이 / 작품 사례만 소개).

만드는 아이템과 용도에 맞춰 구분해서 사용합니다

굵기에 따라 묶음으로 만든 환심입니다. 일반적으로 ❷, ❸과 같은 형태로 판매되고 있습니다. 굵기는 만드는 작품을 생각해서 선택하세요.

준비할 도구

쓰무기 교실에서 사용하는 라탄 공예용 도구를 소개합니다.
갖춰야 하는 물건이 적은 것도 매력 중 하나랍니다.

❶ 줄자

치수를 잴 때 사용한다. 길이 2m 정도의 스토퍼가 달린 금속
줄자를 추천한다. 수평 방향뿐 아니라 바닥에서 수직으로
높이를 잴 때도 다루기 쉬우며 수납하기 편리하다.

❷ 분무기

제작하는 도중에 마른 환심을 촉촉하게 만들 때 사용한다.
분무한 물이 안개처럼 깔끔하게 퍼지는 제품이 좋다.

❸ 가위

재료를 자를 때 사용한다. 작업물의 틈에 들어갈 수 있도록
끝이 뽀족한 곡선 날의 잘 잘리는 가위를 추천한다.

❹ 못뽑이

환심을 사이에 끼워서 섬유질을 으깨거나 접은 자국을 만
들 때 사용한다. 라탄용 못뽑이를 사용하면 좋다.

❺ 송곳

날대의 옆이나 사이에 끼워 넣어 틈을 만들 때 사용한다. 덧
날대, 심대를 끼울 때도 사용한다.

❻ 커터

굵은 환심 끝을 깎을 때 사용한다.

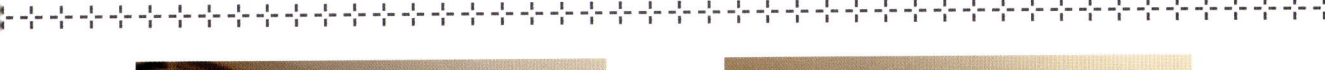

❼ 작업대

환심을 짤 때 사용한다. 환심을 평면으로 짤 때(채반이나 바구니 바닥 등) 작업대의 가장자리를 이용하는 경우도 있다. 지름 30㎝ 정도의 원형이나 정사각형 작업대를 추천한다. 테이블에서 작업할 때는 테이블 가장자리를 잘 이용하자.

❽ 물통

마른 환심을 물에 담글 때 사용한다. 라탄 1묶음의 지름이 약 30㎝이므로 이보다 더 넓은 물통이 쓰기 편하다. 대야 등도 괜찮지만 손잡이가 있어야 이동이 편리하다.

❾ 방수포

바구니를 만들 때 사용한다. 바닥에 깔아서 물통이나 분무기의 물로 바닥이 젖는 것을 방지한다. 크기는 2m×2m 정도가 펼치기 쉽다. 돗자리를 사용해도 좋다.

작업 공간에 대해서

환심을 움직여도 다른 사람에게 닿지 않는 장소를 선택하세요

작업 공간은 환심을 움직일 수 있는 범위가 확보되어야 합니다. 주방이나 세면실 등에서 작업할 때는 시트 같은 것을 깔아놓으면 실내가 더러워지지 않고 뒷정리가 쉬워집니다. 늘 물에 젖은 환심을 다루므로 앞치마를 하거나 수건이나 걸레를 준비해놓는 것도 추천합니다.

라탄 준비

라탄 공예를 순조롭게 진행할 수 있도록 사전에 준비합시다.

기본 준비

⊹ 환심을 물에 담가서 부드럽게 만듭니다

건조한 환심을 물에 담가서 부드럽게 만듭니다. 이렇게 하면 환심을 구부리거나 엮기 쉬워집니다. 너무 오래 담그면 라탄의 유분이 빠져서 색이 칙칙해지니 주의합시다. 물에 담그는 시간은 5~10분 정도면 됩니다. 물에서 꺼내면 가볍게 물기를 빼주세요.

환심의 단단한 정도를 구별하는 방법

⊹ 먼저 만져봅시다

환심은 단단한 정도에 따라 사용하는 부위나 용도가 달라집니다(P.59 환심을 선택하는 방법 참조). 같은 묶음이라도 단단한 정도가 각각 다르므로 처음에 한 줄씩 만져서 확인해보세요.

단단한 정도를 구별하는 연습

여러 번 만져보면 단단하고 부드러운 정도뿐만 아니라 휘는 상태의 미묘한 차이를 알 수 있습니다.

1 묶음 상태로 물에 담가놓은 환심을 꺼내서 묶은 끈을 자른다.

집게손가락과 가운뎃손가락 사이를 벌린다

엄지손가락으로 가볍게 누른다

2 왼손으로 묶음을 잡고 오른손으로 환심의 단단한 정도를 확인한다.

POINT 환심을 선택하는 방법

바구니를 짜기 위한 환심을 선택하는 기준을 정리했습니다.
용도에 걸맞은 환심을 사용해서 제대로 된 바구니로 완성합니다.
사용하고 남은 환심도 버리지 말고 다른 아이템에 이용하세요.

환심 고르는 기준 ※심대와 같은 굵은 환심은 제외한다.

단계		상태	용도
A	△	곧고 단단하다, 못뽑이로 집으면 부러진다	덧날대(보강에 사용하는 덧날대용. 마무리에는 사용하지 않는다)
B	○	유연성이 있어서 탄력이 있다, 못뽑이로 집어도 부러지지 않는다	날대
C	○	부드럽지만 탄력이 있다, 구부려도 잘 부러지지 않고 제자리도 되돌아오는 느낌	사릿대(시작 부분에는 사용하지 않는다)
D	○	부드럽고 잘 휜다	사릿대(커다란 작품의 시작 부분에도 사용할 수 있다) 감기용 사릿대(심대에 감을 때 사용한다)
E	○	부드럽고 탄력이 적다	사릿대(주로 시작 부분에 사용한다)
F	✕	짚처럼 부드럽다	리스에 사용한다
G	✕	뚝뚝 부러진다	아로마 스틱으로 사용한다(너무 짧아진 것은 버린다)
H	✕	흠집이나 오염이 있다, 부분적으로 깎였다(단면이 둥글지 않다)	리스나 아로마 스틱에 사용한다

○…바구니용으로 사용한다　△…용도에 따라서 사용할 수 있다　✕…바구니용으로는 사용하지 않는다

※보기 드물게 들어 있는 정도

남은 라탄을 건조시키는 방법

÷ 물에 젖은 환심은 확실히 건조시킨다

라탄을 분류한 후나 며칠 걸러서 짤 때는 반드시 환심을 건조시킨 후에 정리합니다. 환심을 끈 등으로 묶고 통기성이 좋은 장소에 매달아서 말리면 좋습니다. 젖은 상태로 정리하면 즉시 곰팡이가 자라므로 주의하세요.

라탄은 식물이라서 구부리지 않고 편 상태로 말리면 섬유질을 따라 속의 수분이 쉽게 빠진다.

짜기 시작한 라탄이 마를 때의 대책

분무기를 준비!
환심은 작품을 엮는 도중에 실온이나 손의 체온으로 쉽게 마르므로 분무기로 수분을 공급하며 작업하기 바랍니다. 단단한 정도가 적당한 환심도 마르면 부러지거나 갈라집니다. 전체적으로 말라버리면 물에 다시 담가도 좋아요.

바구니의 구조

바구니가 어떤 요소로 이루어져 있는지 확인합시다.

바구니는 뼈대가 되는 '날대', 날대에 엮어서 면을 만드는 '사릿대'로 만들어집니다.
이는 날실과 씨실을 교차하며 천을 만드는 직물의 구조와도 닮았습니다.
기본 순서는 먼저 날대를 짠 뒤 날대 사이를 메우듯이 사릿대를 위아래(또는 안팎)로
걸쳐서 바닥이나 옆면을 엮고 다 엮은 사릿대를 처리하는 것입니다. 여기에 손잡이를
달거나 테두리를 다양한 방법으로 짜서 응용 분야를 넓힙니다.

【이 책에서 사용하는 명칭】

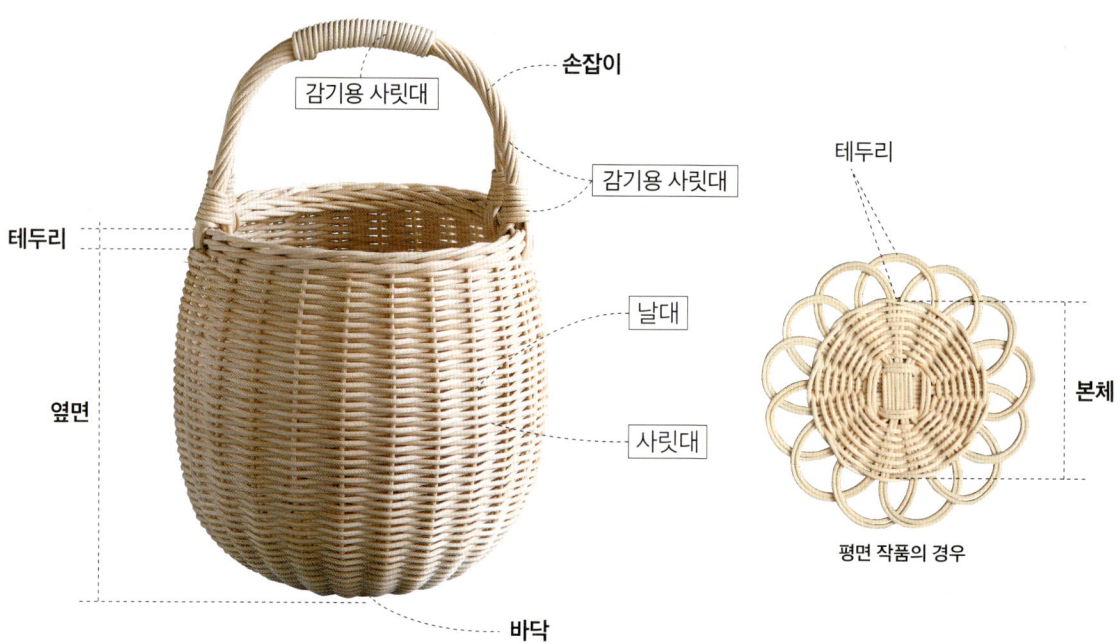

라탄(환심)의 용도별 명칭

P.59 환심을 선택하는 방법 참조.

날대·사릿대

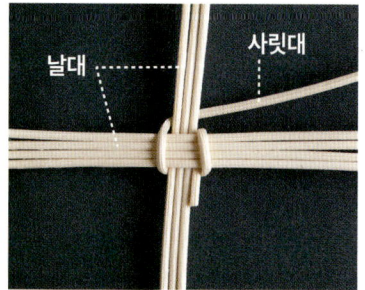

작품의 기둥이 되며 모양이나 높이를 결정하는 것이 '날대', 날대에 엮어나가는 것이 '사릿대'다.

덧날대

작품의 지름을 확대하기 위해 날대 수를 늘리거나 날대를 보강하려고 더하는 것이 '덧날대'.

심대·감기용 사릿대

두꺼운 손잡이를 만들 때 토대에 사용하는 것이 '심대'이며 심대에 감는 것이 '감기용 사릿대'다. 부드럽고 탄력이 있는 라탄을 이용한다.

라탄 짜기 기법

쓰무기 교실에서 바구니를 짤 때 자주 등장하는 기본적인 기법을 정리했습니다.

일반적인 준비 방법 : 모든 작품을 만들 때의 공통적인 동작입니다.

시작	날대의 시작 부분은 손에 들고 짭니다. 사릿대를 1바퀴 감은 후 작업대에 놓고 작업합니다.

※우물정 바닥은 처음부터 작업대 위에서 작업한다.

1 아래쪽이 되는 날대부터 순서대로 포갠다. 다 포개면 중심이 어긋나지 않게 꽉 누른다.

2 왼손으로 날대를 잡은 채로 사릿대를 감아나간다.

3 사릿대를 감는 방향을 바꿀 때는 뒤쪽에서 사릿대를 손가락 사이에 끼워 작업하면 모양이 잘 일그러지지 않는다. 이런 작업은 손에 든 채로 하는 편이 편하다.

평면 짜기	짤 때는 작업대 위에 놓고 합니다.

이때 작업대의 가장자리를 이용해서 사릿대를 밑으로 떨어뜨리듯이 움직이면 작업하기 쉽다

1 날대를 들어 올려 사릿대를 통과시켜서 다음 날대 위로 빼낸다.

2 날대 사이에 걸치는 사릿대를 양손의 집게손가락을 사용해 중심 쪽으로 모아서 빈틈이 생기지 않게 한다.

※짠 부분이 지나치게 뭉개지지 않도록 주의한다.

입체 짜기	입체적인 바구니는 무릎에 놓고 짭니다.

1 바닥에서 옆면이 올라오면 무릎 위에 올려놓고 작업한다. 몸의 중심에 바구니를 놓고 사릿대를 날대 밑으로 통과시켜 다음 날대 위로 빼낸다.

2 사릿대를 위로 빼면 짠 부분을 집게손가락으로 밀어서 빈틈이 생기지 않게 한다.

※짠 부분이 지나치게 뭉개지지 않도록 주의한다.

예쁘게 짜는 방법

바구니 바닥은 ❶ 날대를 짜고 ❷ 사릿대를 감아서 시작합니다.
이때 사릿대를 꽉 조이는 힘 조절이 중요합니다.

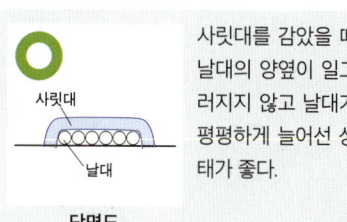

사릿대를 감았을 때 날대의 양옆이 일그러지지 않고 날대가 평평하게 늘어선 상태가 좋다.

단면도

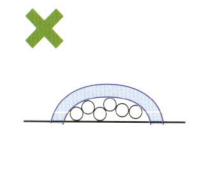

너무 꽉 조였다
너무 조이면 날대가 서로 겹쳐서 본체에 두께가 생겨 울퉁불퉁해진다.

단면도

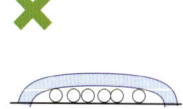

너무 느슨하다
전체적으로 빈틈이 있어서 날대가 고정되지 않고 움직인다.

단면도

날대를 가지런히 모으는 방법

날대는 중심에서 사방으로 뻗는 모양으로 길이를 전부 똑같이 맞춥니다.
이렇게 해서 다 짜기 전에 날대가 부족해지는 부분이 생기는 것을 방지합니다.

1 중심을 짜서 교차점을 한 손으로 누른다. 다른 한 손으로 날대 한 줄을 골라서 그 위와 아래를 들어 올려 길이를 확인한다.

길이를 맞춘다 → 짧은 쪽의 날대를 당겨서

2 **위쪽이 짧은 경우**
위쪽의 날대를 사진처럼 붙잡고 엄지손가락에 힘을 줘서 위로 당긴다.

아래쪽이 짧은 경우
아래쪽의 날대를 사진처럼 붙잡고 새끼손가락에 힘을 줘서 밑으로 당긴다.

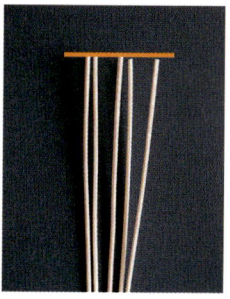

3 모든 날대를 똑같이 반복한다. 1의 작업을 다시 한 번 해서 중심에서부터의 길이가 같으면 OK.
P.81의 설명 참조.

지름을 측정하는 방법

본체의 지름은 반드시 단이 끝나는 부분에서 잽니다. 부족하게 짜거나 너무 많이 짜지 않도록 주의합시다.
모든 날대가 일정한 간격으로 벌어지면 원 모양이 됩니다.

1 **사릿대 위에서 잰다**
단이 끝나는 부분의 사릿대 위에서 지름을 잰다.

2 **사릿대를 빼고 잰다**
단을 시작하는 부분(사릿대를 뺀 부분)에서 본체의 지름을 잰다.

이 지름을 똑바로 측정하지 않으면 단을 다 짜기도 전에 다음 과정으로 진행하게 되어 모양이 조금씩 일그러지기 때문에 예쁘게 완성할 수 없어요

➡ 1과 2의 지름이 똑같으면 OK!

사릿대 연결하기 : 사릿대가 부족해졌을 때 다음 사릿대를 이어서 계속 짜는 방법입니다.

기본적인 연결 방법

날대 뒤쪽에서 사릿대 2줄이 겹치도록 새로운 사릿대를 끼워 넣는다. 전부 끝이 날대에 걸릴 정도의 길이로 자른다. 그런 다음 새 사릿대를 연결할 때는 반드시 날대 2~3줄 앞에 끼워 넣어 같은 자리에서 연결하지 않도록 한다.

입체의 경우

평면의 경우

겹쳐 잇기

날대 2줄을 건너뛰어서 짤 때 사용하는 연결 방법. 겉쪽과 안쪽 모두 걸리는 부분이 사라져서 이음매가 두드러지지 않는다.

비스듬히 자른다

1 새로 연결할 사릿대 끝을 비스듬히 자르고 송곳 자루 등으로 두들겨서 섬유질을 으깬다.

2 짠 사릿대(★)는 날대에 걸릴 정도의 길이를 남기고 겉쪽에서 자른다. 새로운 사릿대(☆)를 잘못 꽂은 것처럼 끼워 넣는다.

3 끼워 넣은 모습.
※ P.118~119의 설명 참조.

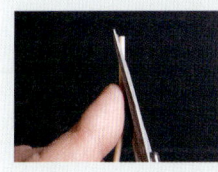

환심을 비스듬히 자를 때는
환심 윗부분을 왼손가락으로 누르며 가위를 비스듬히 대고 자르면 예각이 된다.
※ 누르는 위치가 가위에 너무 가까우면 다치기 쉬우므로 주의한다.

못뽑이 사용법 : 날대를 쉽게 구부릴 수 있도록 못뽑이 사이에 끼워서 섬유질을 으깹니다. 이 동작을 못뽑이로 '집는다'고 표현합니다. 이 작업은 반드시 환심을 물에 적셔서 부드럽게 한 후에 실시합니다.

날대를 직각으로 세워 올릴 때

세로 방향으로 집는다(상하 못뽑이)
환심을 위아래로 집어서 섬유질을 으깬다.

날대를 옆으로 눕힐 때

가로 방향으로 집는다(좌우 못뽑이)
환심을 양옆으로 집어서 섬유질을 으깬다.

입체도 마찬가지
입체의 경우에도 작업물의 가장자리에서 환심에 수직 방향으로 집는다.

POINT 못뽑이는 작업물의 가장자리에서 환심에 수직 방향으로 집는다

송곳 사용법 : 본체에 테두리를 장식할 날대를 끼워 넣거나 보강하거나 날대 수를 늘리는 용도로 덧날대를 끼울 때 송곳으로 가이드가 되는 틈을 만듭니다. 송곳은 오른쪽으로 왼쪽으로 찔러 넣습니다.

덧날대를 끼울 때

날대 옆에 끼워 넣는다

끼워 넣을 위치의 날대 옆에 송곳을 붙여서 끼워 넣고 송곳을 양옆으로 움직여서 틈을 만든다.

날대 2줄 사이에 끼워 넣는다

1 왼손으로 짠 부분을 꽉 누르고 날대 2줄 사이에 송곳을 똑바로 찔러 넣은 후 송곳을 양옆으로 움직여서 틈을 만든다.

2 1에서 생긴 틈에 덧날대를 끼운다.

마무리의 날대를 끼울 때 (입체 작품)

날대 옆에 끼워 넣는다

1 끼워 넣을 위치의 날대 옆에 송곳을 붙여서 찔러 넣는다. 송곳 끝이 바닥으로 나올 때까지 찌른다.

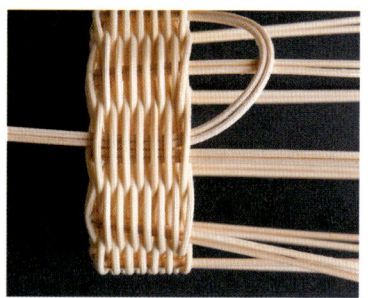

2 날대를 구부려서 1의 틈에 끼워 넣는다. 날대 끝이 바닥으로 나올 때까지 찌른다.

덧날대의 경우
마무리할 때의 날대와 마찬가지로 송곳을 찔러 틈을 만드는데, 덧날대 끝이 바닥으로 나오지 않도록 손가락으로 누르며 찔러 넣는다.

심대를 끼울 때

덧날대의 경우

심대를 달 위치의 날대 옆에 송곳을 붙여서 찔러 넣는다.

마무리할 때

테두리를 마무리한 부분의 간격을 정리할 때 날대의 무늬에 찔러 넣는다. 마무리하면서 마지막 날대를 찔러 넣을 틈을 만들 때도 같은 방법으로 찌른다.

마무리

바구니를 예쁘게 완성하는 방법과 요령입니다.

1 수분을 머금은 동안 : 환심이 부드러울 때 손으로 힘을 줘서 모양을 바로잡는다.

【공통】표면에 불을 쬐어 보풀을 없앤다

보풀은 환심의 표면에 일어난 자잘한 거스러미 같은 것이다. 작품이 수분을 머금은 동안 가스레인지 등의 불에 재빨리 쬔다. 조금 강불에 태우지 않을 정도로 바구니를 가까이 대고 잽싸게 움직이는 것이 포인트.

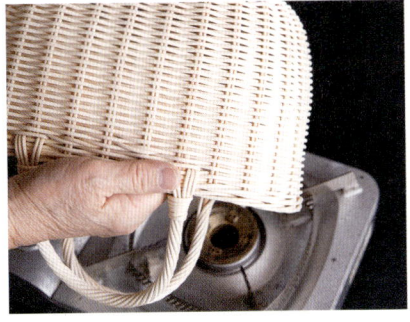

환심 표면에 있는 아주 가는 털처럼 보이는 것이 '보풀'.

2 말랐을 때

【마무리 1】니스를 칠한다

바구니를 다 짜고 나면 자연스러운 광택을 주고 오염을 방지하도록 니스를 칠해준다. 유성 니스를 이용하는데 희석액으로 원하는 농도를 맞춰 사용한다. 처음에 칠하는 액은 묽게 희석해서 상태를 보며 농도를 조절한다. 간단한 스프레이 타입도 있다.

칠하기

기본은 한 번 칠해서 자연스럽게 만드는 것이다. 납작붓으로 라탄의 결을 따라 재빨리 칠한다. 손에 잘 묻으므로 고무장갑을 끼면 좋다.

바구니의 안쪽→바닥→바깥쪽→손잡이 순서로 칠한다. 조금 덜 칠한 부분이 있어도 상관없다.

니스 전용 희석액으로 세척한다
붓과 용기는 사용이 끝난 즉시 니스 전용 희석액으로 깨끗하게 씻는다. 두 번 세척할 것을 권장한다.
※사용이 끝난 희석액은 취급설명서를 참조해서 처리한다.

건조하기

니스는 매우 묽게 칠하므로 한 시간 정도 밖에서 말리면 된다(진하게 칠한 경우에는 구입한 니스의 주의사항을 참조). 니스 특유의 냄새가 있으니 반드시 바람이 잘 통하는 야외에서 건조한다.

● **다시 칠할 때는**

니스 칠이 벗겨졌을 때는 다시 칠하면 된다. 때가 탄 경우에는 물로 한 번 씻어서 먼지 등 더러움을 제거하고 확실히 말린 후에 덧칠한다. 니스의 농도는 첫 번째와 마찬가지로 묽어도 상관없다.

【마무리 2】원단용 염료로 염색한다

완성한 바구니를 염색할 경우

반드시 니스를 칠하기 전에 염색한다. 순서는 ❶찬물이나 뜨거운 물에 원단용 염료를 조금씩 넣어서 원하는 색의 염료액을 만든다. ❷고무장갑을 끼고 말린 상태의 바구니를 재빨리 담근다. ❸통풍이 잘되는 장소에서 말린다. ❹니스를 칠한다.

※염료 사용법은 취급설명서를 참조한다.
※니스를 칠하기 때문에 탈색 방지를 위한 약품 처리는 필요 없다.

환심을 염색할 경우

재료로 준비한 환심을 그대로 염료액에 담가서 염색하고(염료액을 만드는 방법과 염색 방법은 위의 설명과 같다) 말린 후에 바구니를 짠다. P.37의 프랑스풍 비녀핀(아와지 매듭을 응용한 작품)은 환심 세 줄 중 한 줄만 회색으로 염색해서 강조 효과를 줬다.

처음에 사용하는 염료액은 색을 연하게 하면 잘 실패하지 않는다!

염색은 연한 색→진한 색의 순서로 시도한다.

※염료액을 넣는 그릇이나 물통은 작품의 크기에 맞춰 구분해서 사용한다.

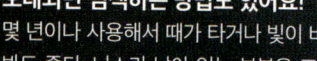

오래되면 염색하는 방법도 있어요!

몇 년이나 사용해서 때가 타거나 빛이 바랜 바구니는 과감하게 염색해봐도 좋다. 니스가 남아 있는 부분은 조금 얼룩이 지는데 그것도 멋스러워 보인다.

장바구니를 염색해봤습니다

P.35에서 소개한 장바구니를 진갈색으로 염색해봤습니다. 옷과의 조합을 고려해서 매치하기 편한 색으로 염색하는 것도 즐거워요. 마지막에 니스를 칠하면 자연스러운 광택이 생겨서 색 바램도 방지해줍니다.

환심을 염색하지 않고 그대로 짠 자연스러운 바구니. 손때가 탈 정도로 오래 써서 황갈색으로 변화시키는 것이 참된 즐거움입니다

액세서리는 컬러링으로 즐기자!

작은 액세서리는 염색에 도전하기 쉬운 아이템입니다. 포인트 효과를 줄 수 있는 선명한 색도 추천합니다. 다양한 염료를 시도해보세요.

염색해보면 이런 느낌입니다. 차분한 색조의 옷차림과도 잘 어울립니다

시크한 회색으로 염색해서 차분해 보여요. 염색 방법으로 분위기가 확 달라집니다.

머리끈은 비비드 컬러를 여러 가지로 시도해보세요. 검은 머리카락에 빛이 나서 멋있습니다.

라탄 수납 방법

즉시 사용하지 않는 환심을 정리하는 방법입니다.

환심은 굵기에 따라 끈 등으로 묶고 둥글게 말아서 수납합니다. 한 번 물에 젖었으면 완전히 말린 후에 말아줍니다. 비닐봉투에는 넣지 말고 통풍이 잘되는 선반 등에 겹쳐서 올려놓으세요. 처음에 환심의 굵기를 쓴 라벨 등을 붙여놓으면 다음에 사용하기 편해집니다.

여러 번 이용할 수 있는 밴드도 편리
환심을 소분하거나 쓰고 남은 것을 정리할 때는 묶었다가 풀 수 있는 케이블 밴드(케이블 타이 등)를 사용하면 편리합니다.

환심을 감는 방법

1 묶은 환심의 끝으로 고리를 만들어서

2 끝을 고리 속에 넣고

3 잡아당긴다. 이렇게 하면 고리의 크기가 고정된다.

4 오른손으로 긴 환심 쪽의 끝이 오도록 고리를 바꿔 잡고

5 2, 3을 마지막까지 반복한다.

6 여러 줄이 있는 경우에는 고리의 굵기를 맞춰놓으면 정리하기 편하다.

작품은 사용합시다!

바구니는 생활용품입니다. 완성되면 꺼내기 쉬운 곳에 진열해놓고 계속 사용하도록 합시다. 수납할 때는 큰 바구니 속에 작은 바구니를 넣어서 겹쳐놓으면 공간을 절약할 수 있어요. 소품은 와이어로 된 바구니 선반에 겹쳐서 넣어두는 것을 추천합니다. 속이 보이는데다 통풍도 좋아요.

쓰무기의 작업실. 교실용 견본품은 선반에 수납한다. 앞쪽 바닥에 진열된 것은 집에서 평소에 사용하는 바구니들.

67

라탄 공예 기법과 용어

이 책에서 작품을 만드는 방법에 등장하는 주요 기법의 명칭을 정리했습니다.
각 작품의 만드는 방법을 참조해 활용해보세요.

※타원 바닥을 짜는 방법은 P.130~의 S. 장바구니 만드는 방법을 참조.

【기법 1】 바닥 짜기 : 수많은 방법 중 기초가 되는 날대 짜는 방법 세 가지를 소개합니다.

십자 바닥	과정 ··· P.78

날대 수가 적을 때의 기본적인 방법. 날대는 13줄까지. 날대를 이보다 더 늘리고 싶은 경우에는 덧날대를 끼운다.

우물정 바닥	과정 ··· P.86

날대가 많을 때 만들기 쉬운 방법. 날대 수가 늘어나도 바닥이 거의 평평해진다.

쌀미 바닥	과정 ··· P.90

처음부터 날대 수가 많을 때 사용하는 방법. 예쁜 원형을 쉽게 만들 수 있다. 가운데의 겹치는 부분에 조금 두께가 생긴다.

【기법 2】 엮기 : 자주 사용하는 기본적인 엮기 8종류를 엄선했습니다.

막엮기·따라엮기

과정 ··· 막엮기 P.81, 따라엮기 P.131

막엮기는 사릿대를 위 1줄(1묶음), 아래 1줄(1묶음)로 서로 번갈아가며 엮는다. 날대 수는 홀수. 따라엮기는 사릿대 2줄로 엮는 날대를 1줄씩 이동해서 따라가듯이 막엮기를 한다. 날대 수는 짝수. 두 방법 모두 짠 무늬는 똑같다.

나선엮기

과정 ··· P.100

홀수인 날대를 2줄씩(위 2줄, 아래 2줄) 번갈아가며 엮는다. 처음에 짤 때 날대를 1줄씩 나눠서 짜면 간격이 좁아서 짜기 어려운 경우 나선엮기를 할 때가 많다.

3줄 꼬아엮기

과정 ··· P.106

사릿대 3줄을 교차시키며 엮는다. 튼튼하게 엮어서 바닥 둘레나 바닥에서 올라오는 부분, 테두리 마무리에 사용한다.

화살깃무늬엮기

과정 ··· P.105

첫 단은 겉쪽 2줄 꼬아엮기, 두 번째 단은 안쪽 2줄 꼬아엮기를 한다. 이렇게 하면 사릿대의 방향이 반대가 되어 화살깃무늬가 된다. 화살깃무늬엮기는 이 두 단으로 무늬 하나를 만든다.

겉쪽 2줄 꼬아엮기	과정 ··· P.105

사릿대 2줄로 먼저 짠 사릿대에 대해 아래쪽에서 위쪽으로 걸쳐서 교차시켜 엮는다.

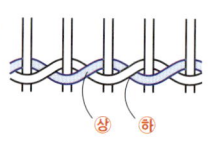

상 하

안쪽 2줄 꼬아엮기	과정 ··· P.105

사릿대 2줄로 먼저 엮은 사릿대에 대해 위쪽에서 아래쪽으로 걸쳐서 교차시켜 엮는다.

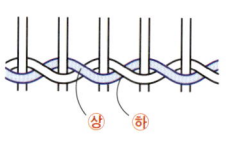

상 하

사릿대 1줄로 안쪽 2줄 꼬아엮기

과정 ··· P.83

앞단의 엮은 부분에 대해 사릿대가 위쪽에서 아래쪽으로 걸리도록 통과시킨다. 마무리는 안쪽 2줄 꼬아엮기와 똑같다. 이 책에서는 주로 다 엮은 사릿대를 처리할 때 사용한다.

【기법 3】 마무리 : 다 짠 후에 남은 날대를 처리하는 방법.

젖혀 마무리 과정 ··· P.107

바구니 테두리에 자주 쓰이는 마무리 방법. 날대를 세 번의 과정으로 고정하고 남은 날대를 안쪽에서 자른다.

스캘럽 마무리(하상하 마무리)

테두리가 꽃잎 모양이 되는 마무리 방법. 이 책에서는 날대를 오른쪽으로 둥글게 구부리고 오른쪽 옆의 날대 위를 지나서 다음 날대의 왼쪽 옆에 끼워 넣는다. 과정 ··· P.94

엮어 마무리 과정 ··· P.84

날대를 오른쪽 옆으로 꺾어서 엮으며 폭이 넓은 테두리 장식을 하는 마무리 방법. 옆으로 꺾은 날대를 몇 줄씩 엮느냐에 따라 무늬의 폭이 달라진다.

【기법 4】 매듭 : 선물 포장 등에서도 사용되는 매듭 방법.

아와지 매듭 과정 ··· P.126

환심으로 고리를 만들고 그 안으로 환심의 양끝을 통과시키며 묶어서 모양을 만든다. 날대, 사릿대의 구별은 없다.

환심에 대해서

날대, 사릿대, 덧날대, 심대, 감기용 사릿대 ··· P.60 참조

【기타】 라탄 짜기 동작을 나타내는 쓰무기 교실만의 독특한 표현.

밑부분 다지기 과정 ··· P.111

바닥에서 수직으로 세울 때 각을 확실히 만들기 위해서 하는 작업. 이 책에서는 3줄 꼬아엮기로 한다.

단 없애기 과정 ··· P.106

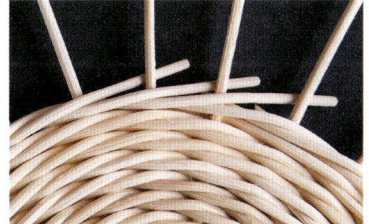

3줄 꼬아엮기로 2단 이상 짤 때 단의 끝부분을 3줄 앞의 날대에 각각 걸기만 해서 단마다 새끼줄 무늬가 이어지게 엮는 방법.

※ 사진은 단을 없앤 후 사릿대를 자른 모습.

모으기 과정 ··· P.82

짠 부분에 빈틈이 생기지 않도록 집게손가락을 사용해서 사릿대를 중심 쪽으로 힘껏 미는 것.

수직으로 세우기

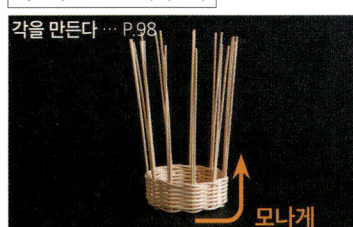

각을 만든다 ··· P.98

모나게

둥글게 만든다 ··· P.101

둥글게

바구니를 바닥에서 수직 방향으로 엮어나갈 때 날대의 각도를 바꾸는 것. 각을 만들 때와 곡선을 만들 때가 있다.

집기 과정 ··· P.82(세로 방향) P.102(가로 방향)

날대를 쉽게 구부릴 수 있게 환심을 못뽑이에 가로 방향(또는 세로 방향)으로 끼워서 섬유질을 납작하게 으깨는 것.

※사진은 '가로 방향으로 집기'.

만드는 방법

'쓰무기' 교실에서 바구니를 짜는 방법에 대해 소개합니다.

실제로 손을 움직여가며 라탄 짜기에 필요한 기법을 익혀보세요.

이 책에서 소개하는 것은 수많은 라탄 공예 기법 중 일부에 지나지 않지만

이것만으로도 깜짝 놀랄 정도로 다양한 아이템을 만들 수 있어요.

라탄 공예를 즐기고, 또 스스로 응용할 때 참고가 되면 좋겠습니다.

※사용하는 환심은 P.58~59와 같이 단단한 정도를 확인한 후에
재료 안내에 맞춰서 자르기 바랍니다.

A. 링···P.74

B. 목걸이 참 장식···P.76

C. 채반(소)···P.78

D. 채반(중)···P.86

E. 채반(대)···P.90

H. 꽃 바늘꽂이···P.98

I. 원형 바늘꽂이···P.100

J. 도시락 바구니···P.104

N. 뚜껑 있는 바구니(뚜껑)···P.116

O. 뚜껑 있는 바구니(바구니)···P.117

P. 냄비받침···P.118

Q. 도토리 모양 바구니···P.122

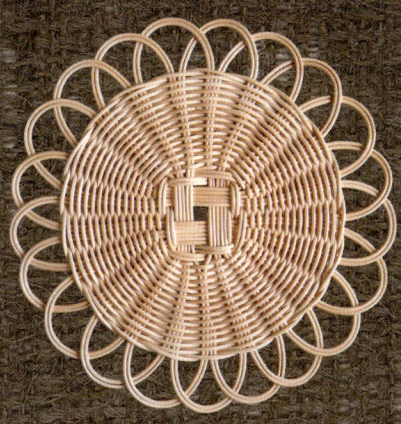

리스…P.97

F. 꽃 플레이트(소)…P.94

G. 꽃 플레이트(대)…P.96

K. 장식 바구니…P.110

L. 소품 바구니…P.114

M. 휴지통…P.115

R. 물수건받침…P.126

Arrange

비녀
…P.128

프랑스풍 비녀핀
…P.128

머리끈
…P.128

S. 장바구니…P.130

73

Photo_P.22

A. 링

- **재료**

환심 / 굵기 2mm

(1개 분량) 33cm×1줄

- **완성 치수** : 지름 약 3cm

약 3cm

How to make

 고리 모양을 짤 때 손가락의 움직임을 익힌다

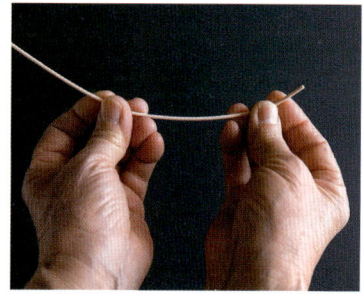

1 환심의 오른쪽을 짧게 잡는다.

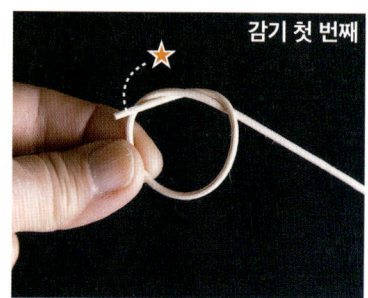

감기 첫 번째

2 오른쪽 끝이 앞쪽으로 오도록 지름 약 3cm의 고리를 만든다.

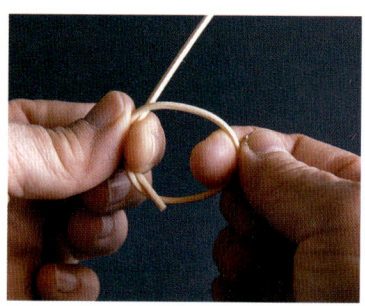

3 숫자 6 모양이 되도록 고리를 잡고 양쪽으로 잡아당겨서 둥글게 모양을 잡는다.

손가락을 움직이는 방법

감기 두 번째

4 고리가 교차한 부분을 왼손 엄지손가락과 가운뎃손가락으로 누르며 잡고 환심 끝을 화살표처럼 고리 속으로 통과시킨다.

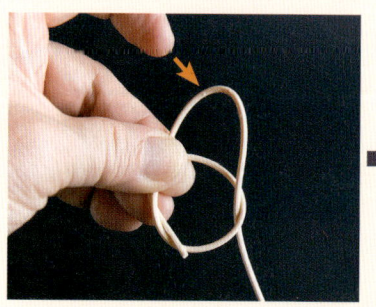

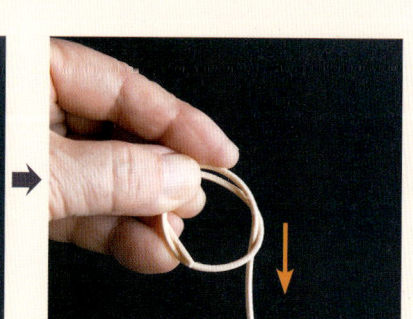

5 집게손가락으로 환심의 느슨한 부분을 고리 속에 넣어 당긴다.

※라탄의 섬유질 방향이 뒤틀리지 않게 주의한다.

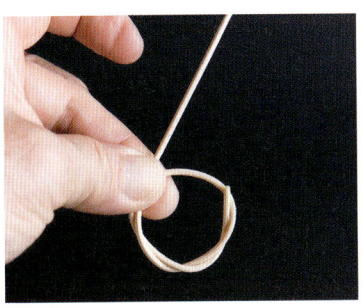

6 환심이 고리에 감겼다. 숫자 6 모양이 되도록 고쳐 잡는다.

감기 세 번째

7 4, 5와 마찬가지로 다시 한 번 환심의 끝을 고리 속에 넣어 당긴다.

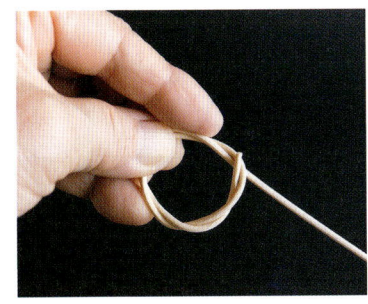

8 환심을 1바퀴 감은 모습(환심을 세 번 감아서 1바퀴로 하는 것이 기준). 둘레가 3등분되도록 감는 위치를 일정하게 조정한다.

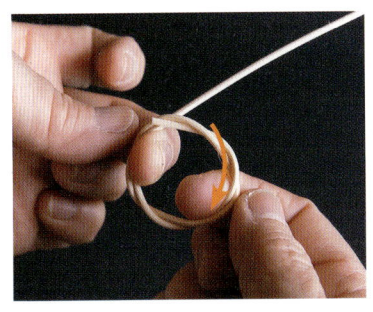

9 고리를 양옆으로 당겨서 모양을 잡는다. 2바퀴째는 1바퀴에 감은 심에 붙이듯이 환심의 끝을 고리 속에 넣어 당긴다.

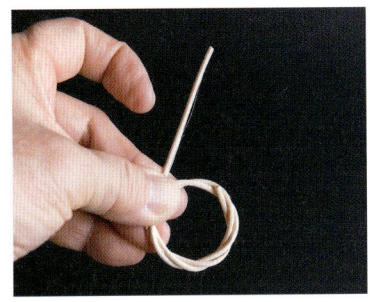

10 2바퀴째를 두 번 감은 모습.

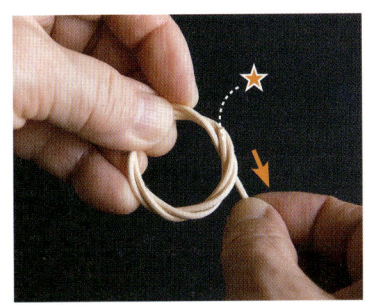

11 다시 한 번 시작 지점(★)의 끝까지 감으면 종료.

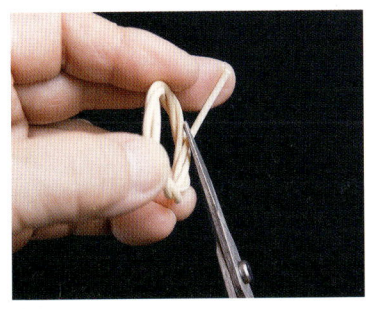

12 남은 환심은 고리가 된 심을 따르듯이 비스듬히 자른다.

13 링 한 개가 완성되었다.

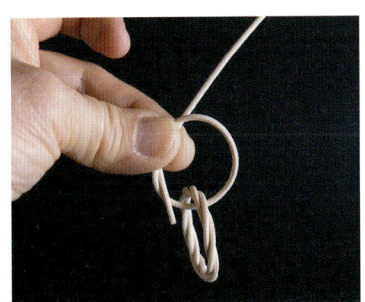

14 다음부터는 연결하고 싶은 링에 환심을 통과시킨 후에 2와 똑같은 방법으로 고리를 만든다.

B. 목걸이 참 장식

● 재료

환심 / 굵기 2.5mm

(1개 분량) 50cm×2줄

● 완성 치수 : 지름 약 5cm

약 5cm

How to make

 링과 똑같은 요령으로 환심을 2줄로 해서 짠다

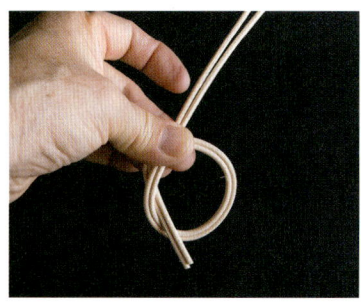

1 환심 2줄을 함께 잡고 환심 끝에서 지름 약 5cm인 고리를 만들어 숫자 6 모양이 되도록 잡는다.

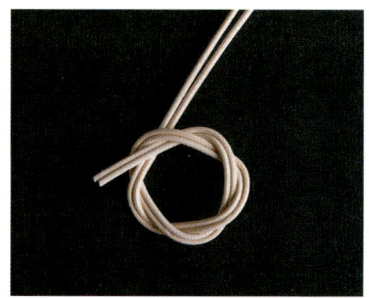

2 환심의 끝을 고리 속에 세 번 통과시켜서 1바퀴를 감은 모습.

잘못 감은 예

감을 때는 환심 2줄이 꼬이거나 듬성듬성 틈이 생기지 않도록 주의한다. 사진은 잘못 감은 예.

환심 끝은 고리를 따라 비스듬히 자른다.

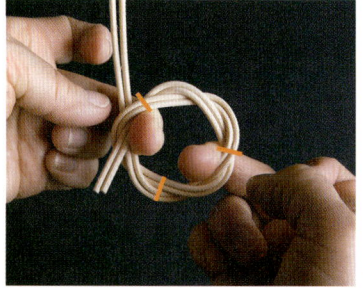

3 고리를 양옆으로 당기고 둘레가 3등분되도록 감는 위치를 일정하게 조정해서 둥글게 모양을 잡는다.

4 1바퀴째에 감은 심을 따르듯이 다시 1바퀴 감는다.

5 환심을 엮기 시작한 위치까지 감으면 남은 환심을 잘라낸다.

비슷한 듯하면서도 다른 시작 부분의 짜는 방법

바구니를 만들 때 처음에 날대를 짜는 방법은 다양하지만 이 책에서는 자주 쓰이는 십자 바닥, 우물정 바닥, 쌀미 바닥 세 종류를 소개했습니다. 바구니의 뼈대가 되는 날대는 작품의 크기가 커질수록 많이 필요합니다. 그래서 만들고 싶은 바구니의 크기에 알맞은 방법으로 짜야 합니다.

십자 바닥은 날대를 예쁘게 짤 수 있는 것이 13줄까지이므로 소품 만들기에 적합합니다. 그보다 큰 바구니를 짤 때는 처음부터 날대 수를 늘릴 수 있는 우물정 바닥이나 쌀미 바닥을 사용합니다.

먼저 그 차이를 쉽게 이해할 수 있도록 각각 다른 크기의 채반을 만들어봅시다. 시작 부분이 비교적 평평한 십자 바닥이나 우물정 바닥에 비해, 쌀미 바닥은 가운데 교차점에 두께가 생기는 것이 특징입니다.

채반은 이 면이 바닥이 되므로 중심에 두께가 생기면 한쪽으로 기웁니다. 이를 해결하기 위해서 쌀미 바닥으로 만든 채반은 테두리를 마무리할 때 높이가 있는 '굽'을 만들어 안정시킵니다. 똑같아 보이는 채반이지만 제대로 완성하려면 사소한 요령이 필요합니다. 실제로 라탄을 엮으며 각각의 차이와 아이디어를 즐겨보기 바랍니다.

이 책에서 소개하는 바구니는 대부분 이 세 가지 바닥으로 만들 수 있습니다. 이 방법을 익히는 것만으로 작품을 여러 가지로 변형하는 데 도움이 될 테니 꼭 도전해보세요.

십자 바닥　우물정 바닥　쌀미 바닥

C. 채반(소) 만드는 방법_P.78 D. 채반(중) 만드는 방법_P.86 E. 채반(대) 만드는 방법_P.90

십자 바닥
바닥을 짜는 다양한 방법 중에서도 단순해서 일반적으로 많이 쓰이는 십자 바닥. 날대 13줄까지 예쁘게 짤 수 있다. 평소에 사용하는 소품을 대부분 만들 수 있다.

우물정 바닥
십자 바닥 두 개의 위치를 조금 이동시켜 조합한 것이 우물정 바닥. 날대 4줄(묶음)을 우물정 모양으로 짜기 때문에 날대 수를 쉽게 늘릴 수 있다. 가운데가 정사각형이 된다.

쌀미 바닥
쌀미 바닥은 십자 바닥 2개를 사선으로 겹친 것이다. 날대 수를 늘려 커다란 작품을 만들고 싶을 때 사용한다. 가운데부터 둥글고 예쁘게 짤 수 있다.

C. 채반(소)

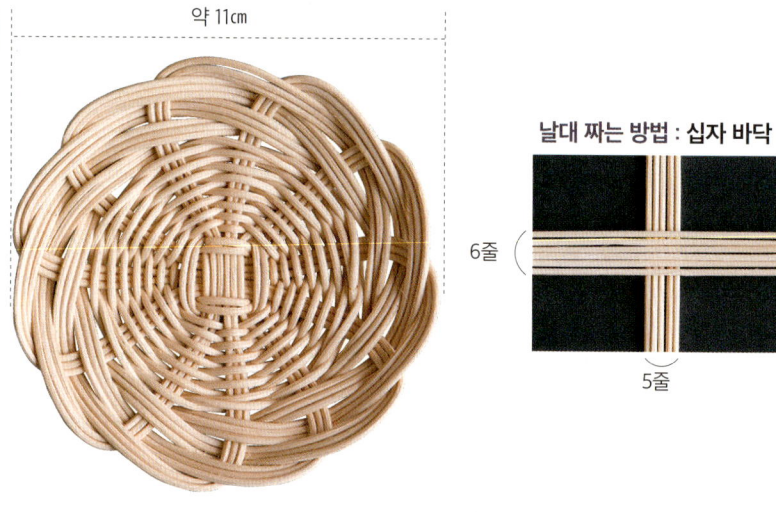

약 11cm

● 재료

환심 / 굵기 2mm

┌ 날대 40cm 11줄
├ 덧날대 18cm 11줄
└ 사릿대 15g

● 완성 치수 : 지름 약 11cm

날대 짜는 방법 : 십자 바닥

6줄

5줄

How to make

 바닥을 짠다 >>> 십자 바닥

1cm

1 날대를 십자 모양으로 겹쳐서(세로 5줄 위에 가로 6줄) 왼
손으로 누른다. 사진과 같이 부드러운 사릿대를 세로의 날
대에 붙인다(가로의 날대 밑으로 넣는다).

모서리를 꽉 조인다

2 위에서 아래로 사릿대를 꺾는다.

뒤쪽

뒤쪽에서 본 모습
왼손 집게손가락과 가운뎃손
가락 사이에 사릿대를 끼우
면 짠 부분이 풀리지 않는다.

사릿대를 감는 방법
은 P.79 그림 참조

꽉 조인다

3 날대를 꾹 누르며 사릿대를 뒤쪽으로 당겨서 모서리를 꽉
조인다.

꽉 조인다

4 그 상태로 날대 밑으로 통과시켜 왼쪽으로 움직인다. 모서
리를 꽉 조인다.

5 날대를 시계 방향으로 90도 돌린다. 날대의 ★이 아래쪽으로 온다.

6 날대 위에 화살표처럼 사릿대를 걸고 모서리를 꽉 조인다.

7 계속해서 날대 밑으로 통과시키고 모서리를 꽉 조인다.

8 1바퀴를 감은 모습.

사릿대를 감는 방법

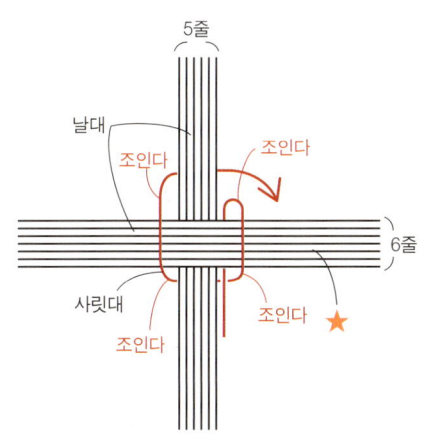

9 똑같은 방법으로 다시 1바퀴를 감는다. 이때 사릿대끼리 겹치지 않고 빈틈없이 옆으로 나란히 오게 한다.

10 2바퀴째를 4분의 3 감은 모습. 사릿대를 꽉 조인다.

※사릿대를 감은 모서리가 느슨해져서 둥그렇게 되지 않도록 최대한 붙여 감는다.

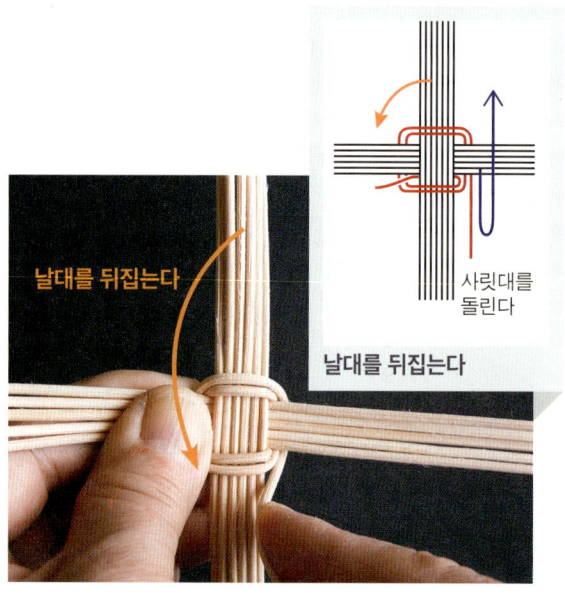

날대를 뒤집는다

사릿대를 돌린다

날대를 뒤집는다

11 마지막에 날대 밑으로 통과시키고 그대로 날대 위쪽이 아래쪽이 되도록 뒤집는다. 사릿대는 날대에 둘러 감듯이 돌린다.

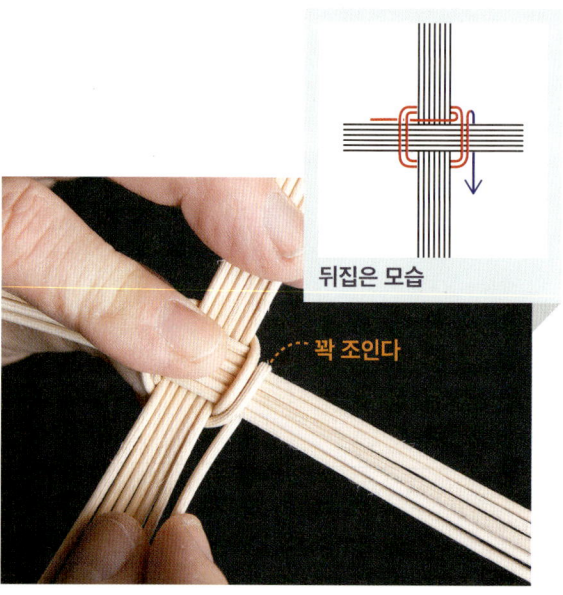

뒤집은 모습

꽉 조인다

12 뒤집고 나면 사릿대를 당겨서 모서리를 꽉 조인다.

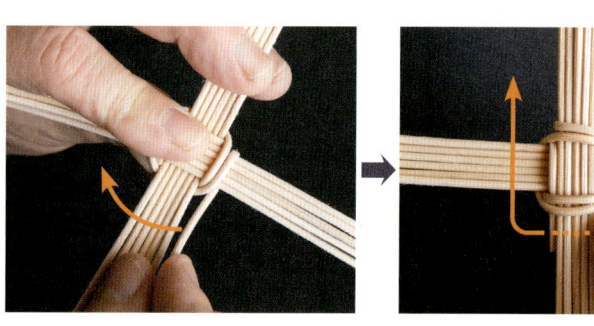

13 다시 날대를 돌리며 화살표처럼 사릿대를 감는다.

사릿대가 느슨해지지 않도록 꽉 잡아당긴다

14 1바퀴를 감은 모습.

이 부분을 잡고 느슨해지지 않도록 돌린다!

15 2바퀴째도 똑같은 방법으로 감는다.

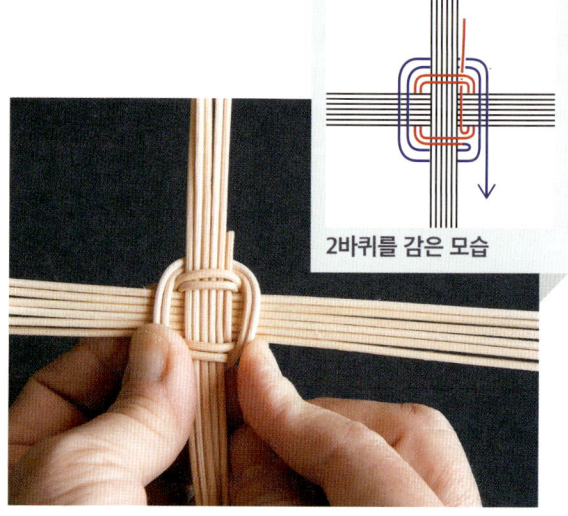

2바퀴를 감은 모습

16 2바퀴를 감은 모습.
※느슨하지 않은지 다시 한 번 확인한다.

POINT

날대의 길이를 맞춘다

십자 바닥(◆의 작업 전부) 짜기가 끝나면 날대의 중심이 어긋나지 않았는지 확인합니다. 길이가 다른 상태로 짜면 마지막에 날대가 부족해져서 실패하는 경우도 있어요! 중심이 어긋나면 이 단계에서 날대를 당겨서 길이를 가지런하게 맞추세요.

1 십자 모양으로 짠 날대의 교차점을 한 손으로 누른다.

2 날대 1줄을 선택해서 그 위쪽과 아래쪽을 들어 올려 길이를 맞춘다.

3 위쪽이 짧을 경우에는 엄지손가락에 힘을 줘서 위로 당긴다.

4 아래쪽이 짧을 경우에는 새끼손가락에 힘을 줘서 밑으로 당긴다.

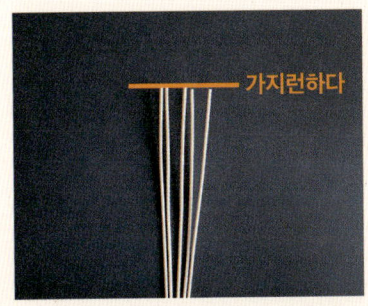

5 2의 작업을 다시 한 번 반복하여 중심에서의 길이가 맞으면 OK.

② 엮어나간다 >>> 막엮기

1 여기부터는 날대를 2줄씩 나눠가며 사릿대로 짠다. 먼저 왼쪽 날대 2줄의 아래쪽으로 사릿대를 통과시켜서 위쪽으로 빼낸다(사릿대를 날대 2줄 아래, 날대 2줄 위의 순서로 통과시킨다. 이를 '아래 2줄 위 2줄'이라고 한다).

2 다음 날대 2줄을 나눈다(사릿대는 위).

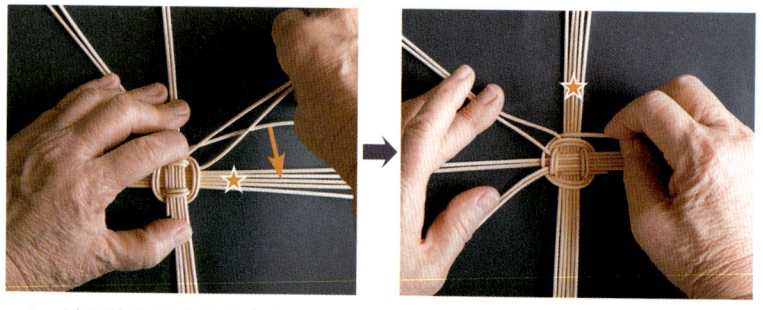

짠 부분이 찌그러지지 않을 정도로
사릿대를 빈틈없이 밀어서 모은다

3 남은 날대 1줄과 옆의 날대 1줄을 합해서 사릿대를 통과시킨다. 이때 날대는 시계 반대 방향으로 90도 돌린다.

4 날대 사이를 지나는 사릿대는 매번 집게손가락을 사용해 중심 쪽으로 모아서 빈틈을 없앤다.

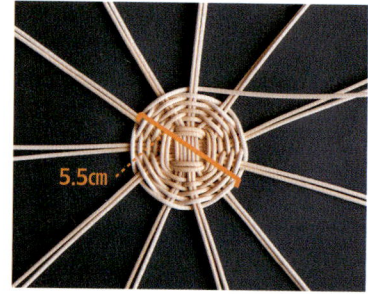

5.5㎝

5 날대 2줄씩 1바퀴를 감은 모습. 이 방법을 '막엮기'라고 한다.

6 똑같은 방법으로 날대 2줄씩 두세 바퀴를 짠다. 여기까지 짜는 동안 날대의 간격을 거의 균일하게 정리한다.

7 지름 5.5㎝까지 똑같은 방법으로 짠다.

◆3 덧날대를 끼운디

1 날대 사이에 송곳을 찔러 넣어서 틈을 벌린다.
송곳 사용법 … P.64

2 끝을 비스듬히 자른 덧날대(1줄)를 벌려놓은 틈에 끼워 넣는다.

3 모든 날대에 덧날대를 끼운다. 날대가 3줄이 된다.

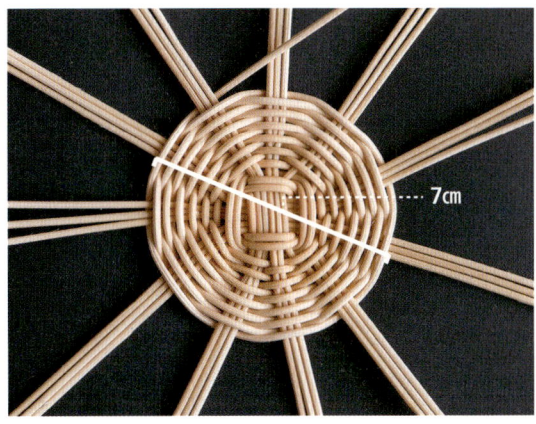

4 지름 7㎝가 될 때까지 계속해서 날대를 3줄씩 1묶음으로 짠 다.

◆4 다 엮은 사릿대를 처리한다 >>> 사릿대 1줄로 안쪽 2줄 꼬아엮기

1 사릿대를 짠 부분의 1바퀴 길이보다 조금 길게 남겨서 자른 다.

2 마지막에 짠 사릿대 위(1의 ● 표시한 5군데)에 사릿대를 끼 워 넣는다.

3 사릿대를 날대 왼쪽에서 잡아 뺀다. 비틀어지면 부러지니 주의한다.

4 짠 부분을 돌려서 오른쪽 옆의 날대 위를 지나 다음 사릿대 위의 ●로 사릿대를 끼워 넣는다.

5 총 다섯 군데에서 2~4 과정을 반복한다. 1바퀴를 완성하면 마지막에는 날대 뒤쪽에 걸릴 정도의 위치에서 사릿대를 자른다.

6 1~5의 방법과 같이 짜면 '사릿대 1줄로 안쪽 2줄 꼬아엮기'가 된다. 다 엮은 사릿대를 처리했다.

◆5 테두리를 마무리한다 >>> 엮어 마무리

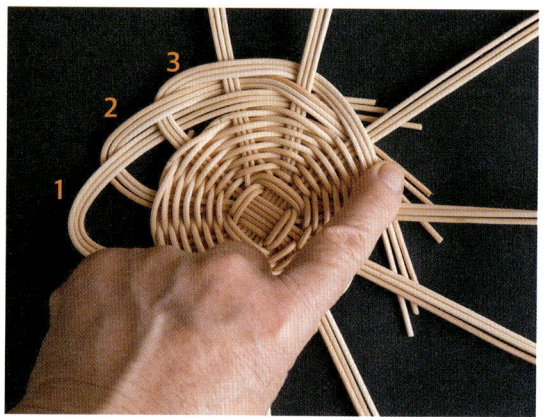

1 날대(3줄 1묶음)를 오른쪽으로 구부려서 위, 아래, 위, 아래의 순서로 엮는다.

2 다음 날대도 틈이 벌어지지 않도록 앞쪽 날대 위에 겹쳐나간다. 날대 끝은 본체 부분의 테두리에 붙여서 단단히 눌러놓는다.

엮어 마무리

날대를 오른쪽으로 구부려서 옆의 날대에 위, 아래, 위, 아래의 순서로 엮는다. 구부릴 때는 중심에서 테두리까지 짠 날대가 오른쪽으로 당겨져서 기울지 않도록 주의한다.

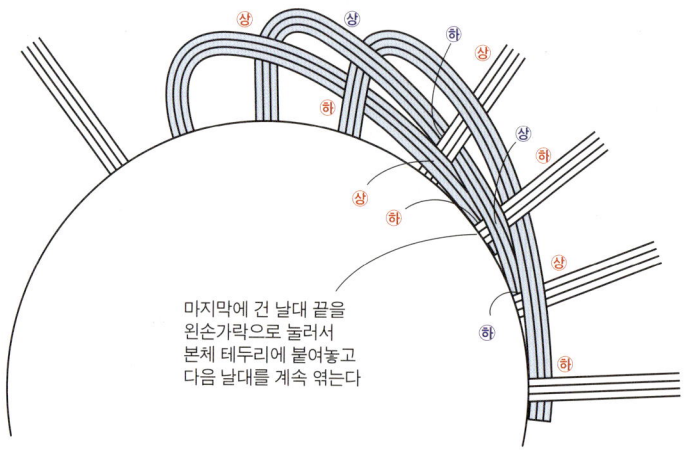

마지막에 건 날대 끝을 왼손가락으로 눌러서 본체 테두리에 붙여놓고 다음 날대를 계속 엮는다

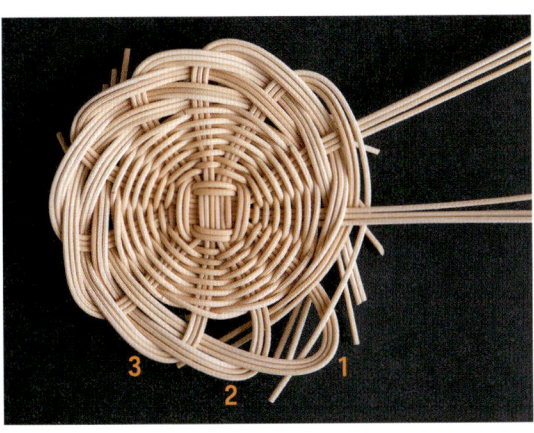

3 마지막 날대 2묶음이 남은 위치까지 오면 처음에 엮은 날대 (2의 **1**, **2**, **3**)를 푼다.

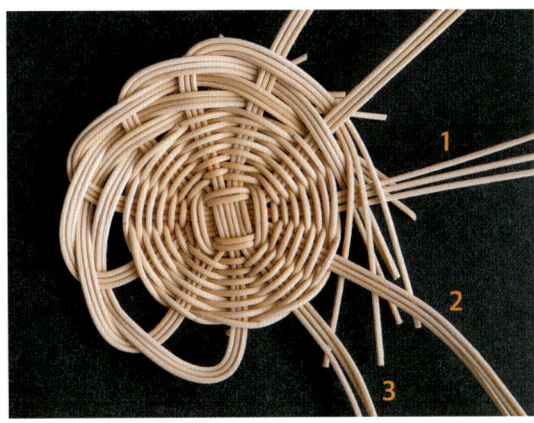

4 풀어놓은 모습. 이 **1~3**을 다시 엮으면 엮어 마무리가 예쁘게 완성된다.

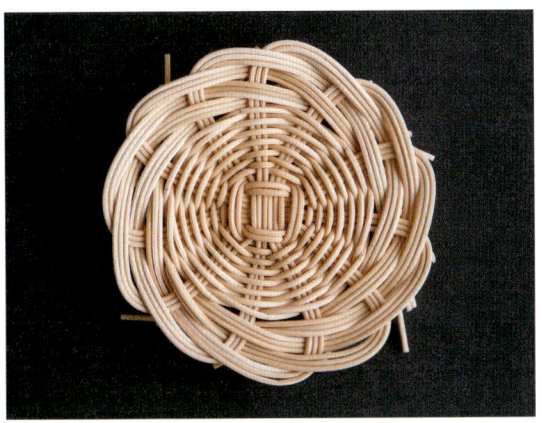

5 마지막까지 엮는다.
※마지막 날대 2줄은 환심 1줄씩 조심스럽게 엮으면 예쁘게 완성된다.

6 뒤쪽의 날대 끝을 잡아당겨서 구부린 부분의 모양을 잡고 테두리를 둥그스름하게 만든다.

바깥

7 날대 끝을 비스듬히 자른다.

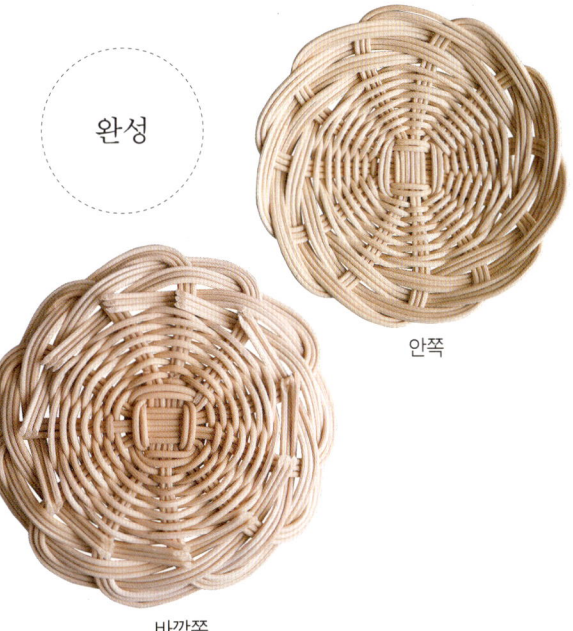

완성

안쪽

바깥쪽

D. 채반(중)

● **재료**

환심 / 굵기 2mm

├ 날대 65㎝ 15줄
├ 덧날대 30㎝ 30줄
└ 사릿대 45g

● **완성 치수** : 지름 약 20㎝

약 20㎝

● **날대 짜는 방법 : 우물정 바닥**

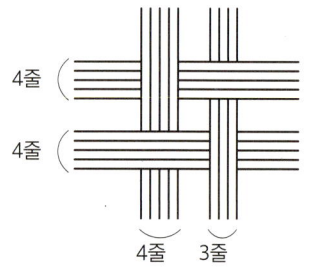

4줄

4줄

4줄 3줄

How to make

 바닥을 짠다 >>> 우물정 바닥

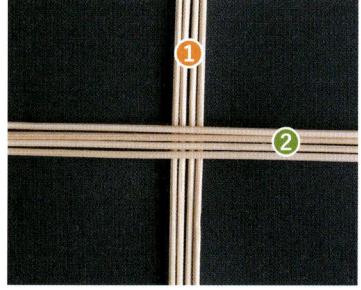

1 날대를 십자 모양으로 겹친다(세로 4줄❶의 위에 가로 4줄❷).

2 날대 3줄❸을 ❶과 평행해지도록 오른쪽에 겹친다.

3 나머지 날대 4줄❹을 ❷와 평행해지도록 위쪽에 겹친다. 이때 사진과 같이 엇갈리게 한다.

4 부드러운 사릿대를 ❸의 오른쪽에 붙여서 사진과 같이 ❹의 밑으로 통과시킨다.

5 사릿대를 ❹의 위쪽에서 꺾는다.

사릿대 감는 방법은 P.87 그림 참조

6 그 상태에서 ❷의 아래로 통과시키고 위쪽으로 당겨서 꽉 조인다.

사릿대를 감는 방법

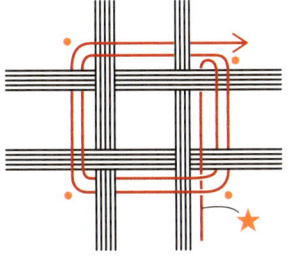

※ ● 의 네 모서리를 2바퀴 다 꼭 조인다

7 날대를 시계 반대방향으로 90도 돌린다. 사릿대를 날대의 위→아래의 순서로 걸고 6과 마찬가지로 위로 당겨서 꼭 조인다. 똑같은 방법으로 날대를 돌려가며 사릿대를 2바퀴 감는다.

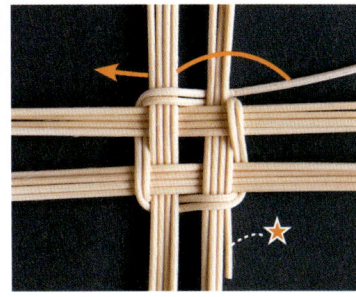

8 날대에 사릿대를 2바퀴 감은 모습. 다음은 날대를 뒤집고 그와 동시에 사릿대를 화살표처럼 건다.

사릿대를 감는 방법

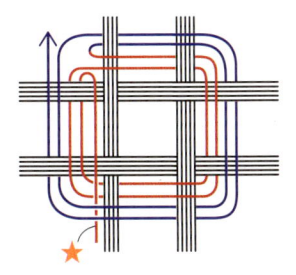

9 뒤집은 모습. 계속해서 사릿대를 날대에 2바퀴 감는다.

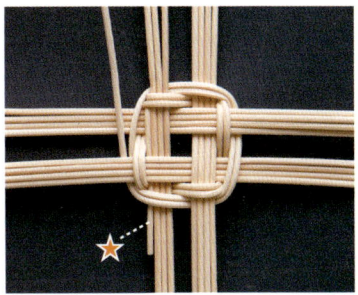

10 날대에 사릿대를 2바퀴 감은 모습.
※느슨하지 않은지 다시 한 번 확인한다.

◆2 엮어나간다 >>> 막엮기

1 여기부터는 날대를 2줄씩(사릿대를 아래 2줄, 위 2줄의 순서로 통과시킨다) 나눠가며 막엮기를 한다.

막엮기 … P.81❷-1~5

8.5cm

2 지름 8.5㎝가 될 때까지 똑같은 방법으로 엮는다.

3 덧날대를 끼워서 엮고 다 엮은 사릿대를 처리한다 >>> 막엮기, 사릿대 1줄로 안쪽 2줄 꼬아엮기

1 날대 2줄 사이에 송곳을 찔러 넣어 틈을 벌린다.
송곳 사용법 … P.64

2 끝을 비스듬히 자른 덧날대 2줄을 그림과 같이 합쳐서 날대 틈에 끼워 넣는다.

3 덧날대를 끼워 넣은 모습. 날대가 4줄이 된다.

4 똑같은 방법으로 모든 날대에 덧날대를 끼운다.

5 계속해서 지름 12㎝가 될 때까지 날대를 4줄 1묶음으로 막엮기하고 사릿대를 몸통 1바퀴 길이보다 조금 길게 남겨서 자른다.

6 사릿대 1줄로 안쪽 2줄 꼬아엮기 방법으로 1바퀴를 엮고 마지막에는 날대 뒤쪽에 걸릴 정도의 위치에서 사릿대를 자른다.
사릿대 1줄로 안쪽 2줄 꼬아엮기 … P.83 ◆

4 테두리를 마무리한다 >>> 엮어 마무리

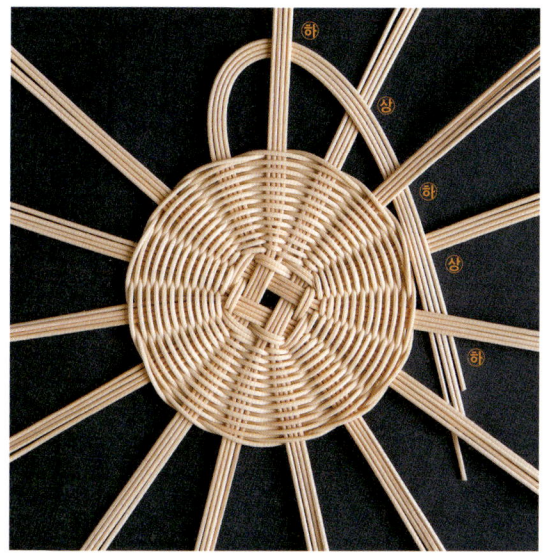

1 날대 1묶음(4줄 1묶음)을 오른쪽으로 구부려서 오른쪽 옆의 날대에 아래, 위, 아래, 위, 아래의 순서로 엮는다.

2 그다음부터도 똑같은 방법으로 날대를 빈틈없이 겹쳐 쌓는다. 끝은 왼손가락으로 눌러놓는다.

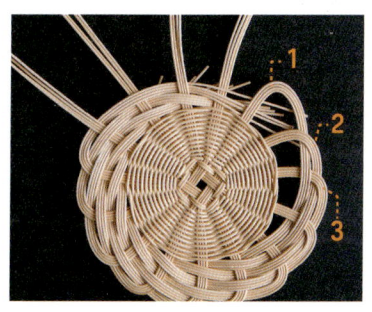

3 날대 4묶음이 남은 위치까지 오면 처음에 엮은 1~3을 푼다.

4 풀어놓은 모습. 이 1~3을 다시 엮으면 엮어 마무리가 예쁘게 완성된다.

5 마지막 날대 2묶음은 환심 1줄씩 조심스럽게 엮으면 예쁘게 완성된다.

6 다 엮으면 뒤쪽의 날대 끝을 잡아당겨서 구부린 부분의 모양을 잡고 테두리를 중심 쪽으로 조금 세워서 둥글게 만든다.

7 날대 끝을 비스듬하게 자른다.

완성

안쪽

바깥쪽

E. 채반(대)

약 22㎝

● 재료

환심 / 굵기 2㎜

├ 날대 75㎝ 19줄
├ 덧날대 33㎝ 38줄
└ 사릿대 60g

● 완성 치수 : 지름 약 22㎝

● 날대 짜는 방법 : 쌀미 바닥

5줄

5줄　4줄　5줄

How to make

 바닥을 짠다 >>> 쌀미 바닥

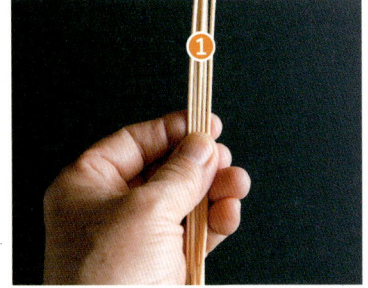

1 날대 5줄을 잡는다.

2 다음 날대 5줄을 가로 방향으로 위에 겹친다.

3 2를 X 모양이 되도록 바꿔 잡고 날대 4줄을 세로 방향으로 겹친다.

4 나머지 날대 5줄을 가로 방향으로 위에 겹친다.

5 날대를 쌀미米자 모양으로 겹친 모습.

 POINT 날대가 교차하는 중심을 어긋나지 않도록 엄지손가락과 집게손가락으로 꽉 누른다

사릿대를 감는 방법은
오른쪽 아래의 그림 참조

사릿대 ★

6 부드러운 사릿대를 ③에 붙이고 ②에 앞쪽에서 걸어 그 상태로 ②의 밑을 지나 ④의 위로 빼낸다.

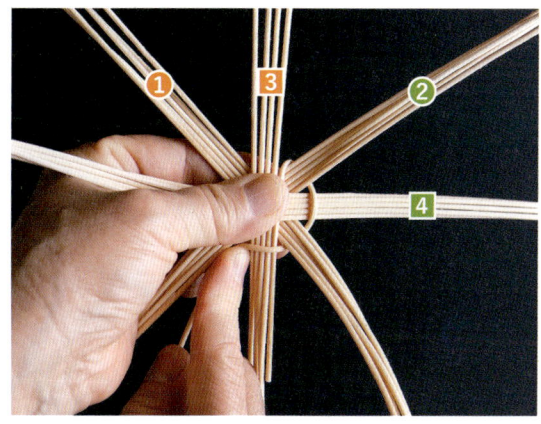

7 계속해서 ①의 밑을 지나 ③의 위로 빼낸다.

8 날대를 시계 방향으로 90도 돌리고 사릿대를 ②의 밑을 지나 ④의 위로 빼낸다.

9 사릿대를 ①의 밑을 지나 ③의 위로 빼낸다. 사릿대를 걸때는 날대와 날대 사이에 빈틈이 생기지 않도록 왼손 집게 손가락으로 단단히 눌러놓는다.

10 1바퀴를 감은 모습. 감은 부분의 모양이 둥글어지게 사릿대를 밖으로 펴서 정리한다.

11 나머지 날대에 같은 방법으로 사릿대를 2바퀴 더 감는다(총 3바퀴).

사릿대를 감는 방법

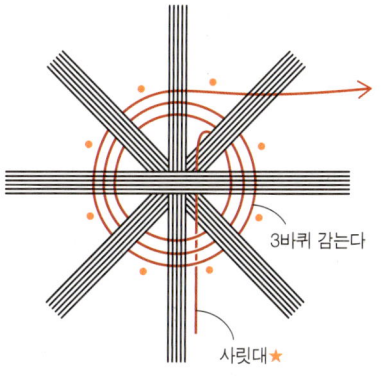

3바퀴 감는다

사릿대 ★

※ 3바퀴를 감을 때 ●으로 표시된 여덟 군데를 빈틈없이 꽉 조인다

12 다음은 날대를 뒤집고 그와 동시에 사릿대를 화살표처럼 건다.

13 뒤집은 모습.

14 계속해서 사릿대를 날대에 3바퀴 감는다. 감을 때는 왼손 가운뎃손가락으로 날대를 작업대 가장자리에서 아래쪽으로 떨어뜨리듯이 누르면 사릿대를 조이기 쉽고 빈틈없이 엮을 수 있다.

사릿대를 감는 방법

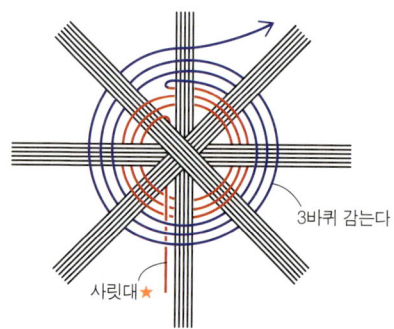

3바퀴 감는다

사릿대 ★

---

2 **엮어나간다** >>> 막엮기, 사릿대 1줄로 안쪽 2줄 꼬아엮기, 엮어 마무리

D.채반(중)의 ❷~❹-6(P.87~89)까지 똑같은 요령으로 엮어나간다.

1 여기부터는 날대를 2줄씩(사릿대를 위 2줄, 아래 2줄의 순서로 통과시킨다) 나눠가며 막엮기를 한다.

2 지름 11cm까지 엮으면 덧날대(날대 하나당 2줄)를 끼우고 날대를 4줄 1묶음으로 계속 엮는다. 지름 15cm까지 엮으면 끝부분을 사릿대 1줄로 안쪽 2줄 꼬아엮기 방법으로 처리한다. 날대는 엮어 마무리해서 모양을 잡는다.

③ 바닥을 마무리한다

쌀미 바닥은 날대 4줄을 한군데에서 교차시키므로 중심에 약간의 두께가 생긴다.
그 상태로 평평한 면에 놓으면 기울기 때문에 엮어 마무리의 마지막에 다시 한 번 젖혀 마무리로 엮어서 굽을 만들어 바닥 둘레의
높이를 일정하게 안정시킨다.

1 첫 번째 날대를 오른쪽 옆의 날대에 걸리도록 아래로, 두 번째 날대는 위로 움직여서 교차시킨다.

2 똑같은 방법으로 모든 날대를 서로 교차시킨다. 이를 '젖혀 마무리 1단계'라고 한다.

3 마지막 날대는 첫 번째 날대의 구부린 부분을 뜨듯이 송곳을 찔러 넣어 틈을 벌리고 1줄씩 조심스럽게 끼워 넣는다.

4 날대 끝을 비스듬히 자른다.

완성

이 부분이 채반(소), 채반(중)과 다르다

안쪽   바깥쪽

Photo_P.13

F. 꽃 플레이트(소)

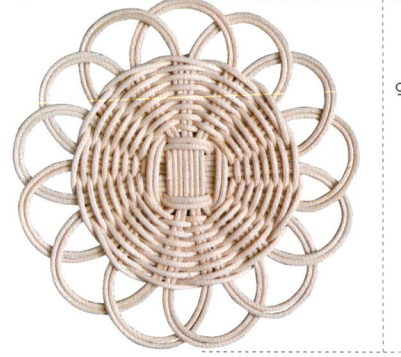

- ● 재료
  - 환심 / 굵기 2mm
    - ├ 날대 35cm 13줄
    - └ 사릿대 10g
- ● 완성 치수 : 지름 약 12cm

약 12cm

● 날대 짜는 방법 : 십자 바닥

7줄

6줄

How to make

 본체를 짠다 >>> 십자 바닥, 막엮기, 사릿대 1줄로 안쪽 2줄 꼬아엮기

C. 채반(소)의 ❶~ ❹(P.78~84)와 똑같은 요령으로 덧날대를 끼우지 않고 엮어나간다.

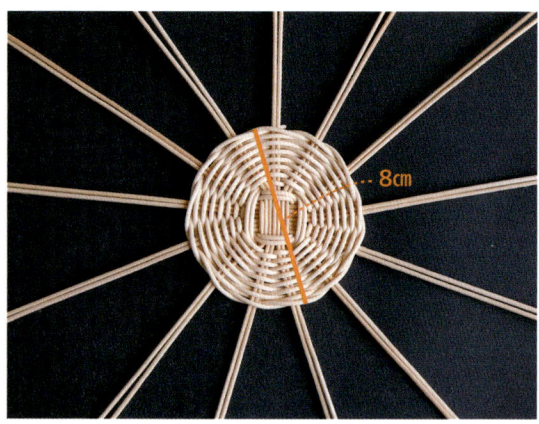

8cm

1 날대로 십자 바닥(세로 6줄 위에 가로 7줄)을 짠다. 부드러운 사릿대를 날대(세로 6줄)에 붙여서 2바퀴를 감고 나면 날대를 뒤집고 사릿대를 돌려서 2바퀴를 감는다. 계속해서 날대 2줄로 막엮기를 한다. **막엮기**… P.81 ❷-1~5

2 지름 8cm가 될 때까지 엮으면 사릿대를 본체의 1바퀴 길이보다 조금 길게 남겨서 자른다. 끝부분을 사릿대 1줄로 안쪽 2줄 꼬아엮기로 처리한다.
사릿대 1줄로 안쪽 2줄 꼬아엮기 … P.83 ❹

 테두리를 마무리한다 >>> 스캘럽 마무리(하상하 마무리)

1 날대를 자르기 위해서 기준이 되는 길이를 잰다.

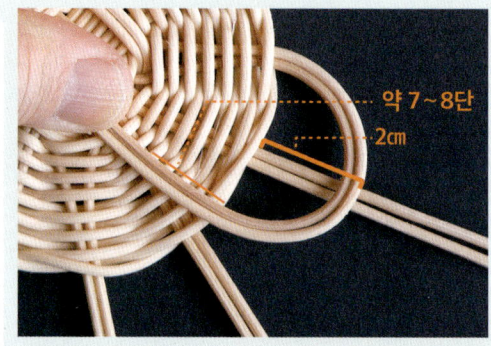

약 7~8단

2cm

날대 1쌍(2줄)을 오른쪽 옆의 날대 1쌍을 건너뛰어 사진처럼 오른쪽으로 구부려서 구부린 부분의 높이가 2cm가 되도록 조절한다. 날대는 본체 바깥쪽에서 7~8단 정도까지 끼워 넣으므로 그 길이를 어림잡는다.

날대는 1의 상태 그대로 끝을 비스듬히 자른다. 2줄의 길이 차가 생겨서 예쁘게 끼워 넣을 수 있다.

짧다   길다

2   1에서 어림잡은 위치에서 날대를 자른다.

3   날대는 오른쪽 옆의 날대 1쌍을 건너뛰어 끼워 넣는다. 먼저 끼워 넣을 위치의 날대 옆에 사진과 같이 송곳을 찔러 넣어 틈을 만든다.
송곳 사용법… P.64

4   자른 날대를 끼워 넣는다.

5   날대를 끼워 넣은 모습. 구부린 부분의 높이가 2cm인지 확인한다.

2cm

상   상
하   하   하

6   모든 날대를 1~5와 같은 방법으로 끼워 넣는다. 이를 '스캘럽 마무리'라고 한다. 구부린 부분의 높이를 정확히 맞추는 것이 예쁘게 완성하는 요령.

완성

링 십자바닥 우물정바닥 쌀미바닥 아와지매듭 타원바닥

G. 꽃 플레이트(대)

● 재료
환심 / 굵기 2.5㎜
 ├ 날대 55㎝ 21줄
 └ 사릿대 55g
● 완성 치수 : 지름 약 26㎝

약 26cm

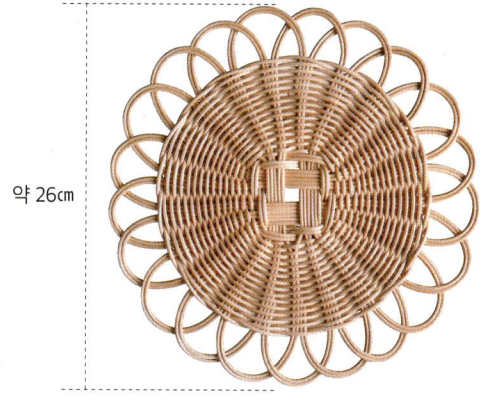

● 날대 짜는 방법 : 우물정 바닥

5줄
6줄
5줄 5줄

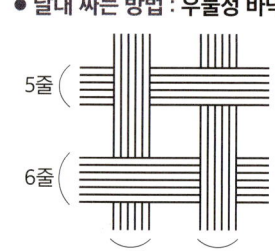

How to make

1 우물정 바닥을 짠다

날대를 우물정 모양으로 겹쳐 부드러운 사릿대로 엮는다
(2바퀴를 감으면 날대를 뒤집고 사릿대를 돌려서 2바퀴
감는다).
우물정 바닥 … P.86 ❶

2 테두리까지 엮는다

지름 19㎝까지 날대 2줄씩 나눠가며 막엮기하면 끝부분
을 사릿대 1줄로 안쪽 2줄 꼬아엮기로 처리한다.
막엮기 … P.81 ❷-1~5
사릿대 1줄로 안쪽 2줄 꼬아엮기 … P.83 ❹

3 테두리를 마무리한다

❶ 날대를 사진과 같이 오른쪽으로 구부려서 구부린 부분
의 높이가 3.5㎝가 되게 하고 본체에 끼워 넣은 길이만큼
남긴 후 자른다.
❷ ❶을 본체의 날대 옆에 끼워 넣고(P.95 ❷-3~5 참조)
스캘럽 마무리를 한다.

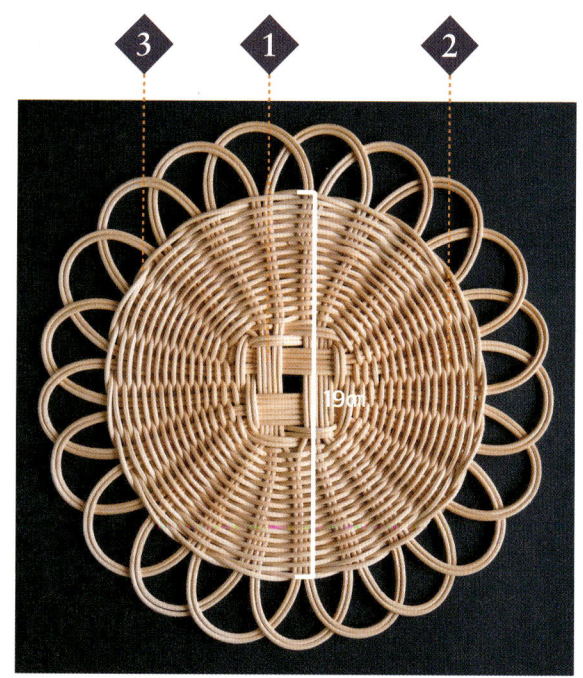

3 1 2

19cm

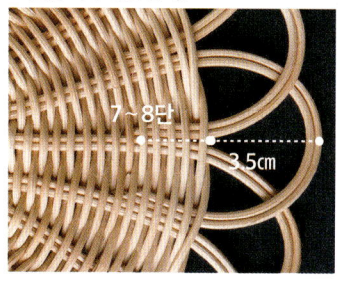

7~8단
3.5cm

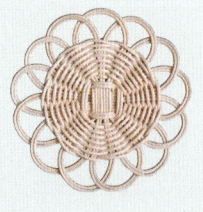

꽃 플레이트(소)를 참고하세요!
이 꽃 플레이트(대)와 F. 꽃 플레이트
(소)는 처음의 바닥 짜는 방법이 다를
뿐입니다. 시작 부분 외에는 똑같은 요
령으로 만들므로 상세한 만드는 방법
은 P.94~95를 참조하기 바랍니다.

바구니에 사용하지 않는 환심을 활용합시다

환심 중에는 바구니 짜기에 적합하지 않은 것이 이따금 섞여 있습니다. 하지만 그것은 바구니를 짤 수 없을 뿐입니다. 보관해놓으면 뜻밖의 아이템에 활용할 수 있어요. 특히 리스 만들기에 추천합니다. 둘둘 감아서 원하는 식물을 장식하면 세련된 인테리어 소품으로 변신한답니다. 크리스마스에는 P.96의 꽃 플레이트(대)에 케이크를 담아내고 벽과 문에 핸드메이드 리스를 거는 것도 멋있습니다. 어중간하게 남은 사릿대도 함께 활용합시다.

리스

Photo_P.32, 33

● 재료
환심 굵기, 길이 모두 마음대로

● 완성 치수 : 지름 15㎝ 정도

15㎝ 정도

How to make

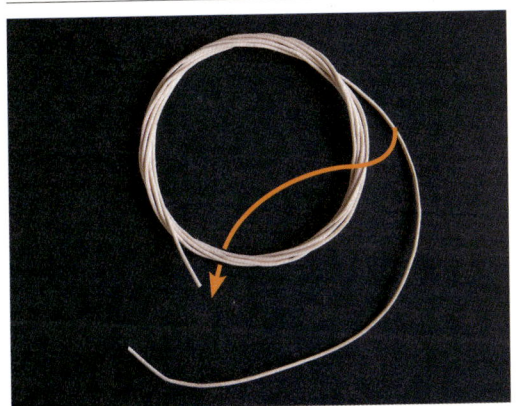

1 환심을 원하는 길이와 수량대로 잘라 고리를 만들고 심 끝을 화살표와 같이 고리 안쪽으로 여러 번 넣었다 뺐다 한다.

2 고리를 양쪽으로 당겨서 예쁜 원형이 되도록 모양을 잡고 남은 심을 자른다. 리스의 토대인 고리가 완성되었다.

허브나 나무 열매, 드라이플라워 등을 환심으로 만든 고리에 마끈으로 동여매서 리스를 만든다. 계절에 어울리는 꽃 등을 사용해도 귀엽다.

H. 꽃 바늘꽂이

● 재료

환심 / 굵기 2mm
├─ 날대 40cm 11줄
└─ 사릿대 15g

취향에 맞는 천
└─ 지름 약 25cm 1장

손바느질용 실, 바늘, 솜

● 완성 치수 :
지름 약 8cm×높이 약 4.5cm

약 4.5cm

약 8cm

● 날대 짜는 방법 : **십자 바닥**

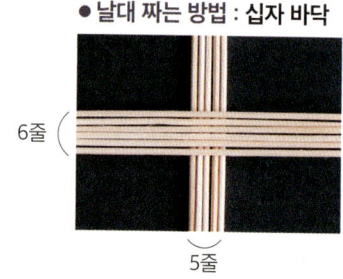

6줄

5줄

How to make

 바닥을 짠다 >>> 십자 바닥, 막엮기

C. 채반(소)의 ❶~❷(P.78~82)와 똑같은 요령으로 엮어나간다.

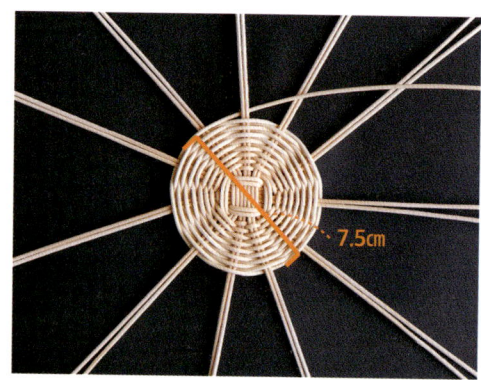

7.5cm

날대를 십자 모양으로(세로 5줄 위에 가로 6줄) 겹친다. 부드러운 사릿대를 날대(세로 5줄)에 붙여서 2바퀴를 감은 후 날대를 뒤집고 사릿대를 돌려서 2바퀴를 감는다. 계속해서 날대를 2줄씩 나눠가며 막엮기로 지름 7.5cm가 될 때까지 짠다.

막엮기 … P.81❷-1~5

❷ **옆면을 엮는다** >>> 막엮기, 사릿대 1줄로 안쪽 2줄 꼬아엮기

1 날대를 물로 촉촉하게 적셔 부드럽게 한 후 못뽑이를 사용해서 세로 방향으로 집는다. 전부 똑같은 방법으로 집는다.

못뽑이 사용법 … P.63

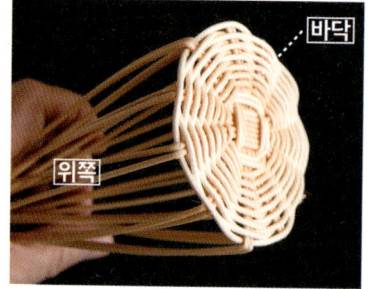

바닥

위쪽

2 날대를 전부 위쪽으로 꺾어서 접은 자국을 낸다.

2.5cm

3 높이 2.5cm가 될 때까지 막엮기를 한다. 날대는 직각보다 조금 바깥쪽으로 벌어진 상태로 엮는다. 끝부분은 사릿대를 본체의 1바퀴 길이보다 조금 길게 남겨서 자르고 사릿대 1줄로 안쪽 2줄 꼬아엮기로 처리한다.

사릿대 1줄로 안쪽 2줄 꼬아엮기 … P.83 ❹

3 테두리를 마무리한다 >>> 스캘럽 마무리

날대는 물로 촉촉하게 적셔 부드럽게 만들어놓는다.

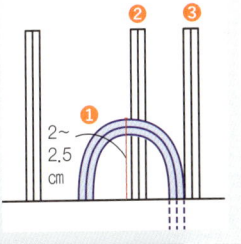

날대를 움직이는 방법

※그림은 테두리를 위로 했지만 작업할 때는 가로로 놓는다.

2~2.5cm

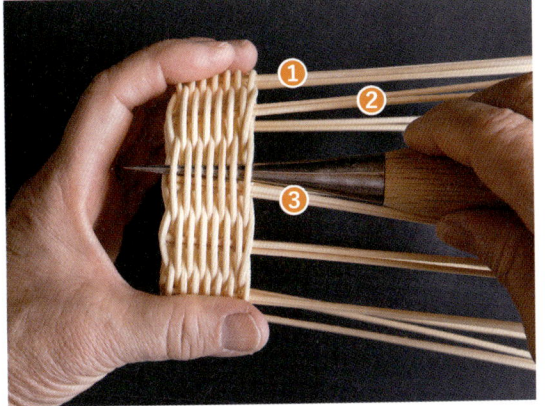

1 ①의 날대(2줄 1묶음)를 오른쪽 옆의 날대②를 건너뛰고 날대③의 왼쪽 옆에 끼워 넣는다. 먼저 ③의 날대 왼쪽에 송곳을 찔러 넣어 틈을 만든다. 송곳 끝이 바닥으로 나올 때까지 찌른다.

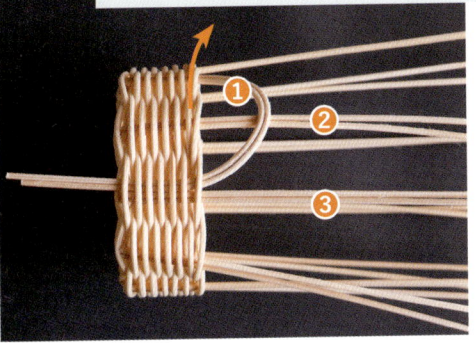

2 ①의 날대(2줄 1묶음)를 오른쪽으로 구부리고 1에서 만든 틈에 끼워 넣는다. 날대 끝이 바닥으로 나올 때까지 끼운다.

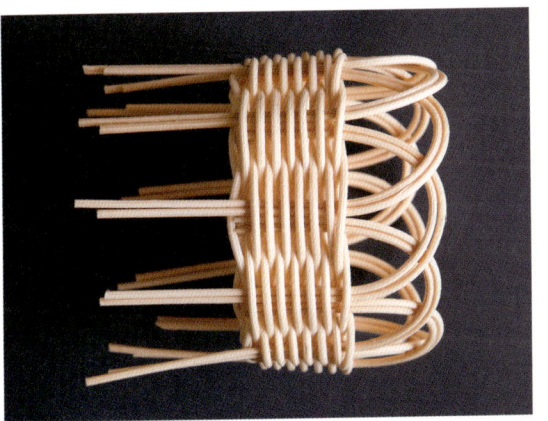

3 모든 날대를 1, 2와 똑같은 방법으로 끼워 넣는다.

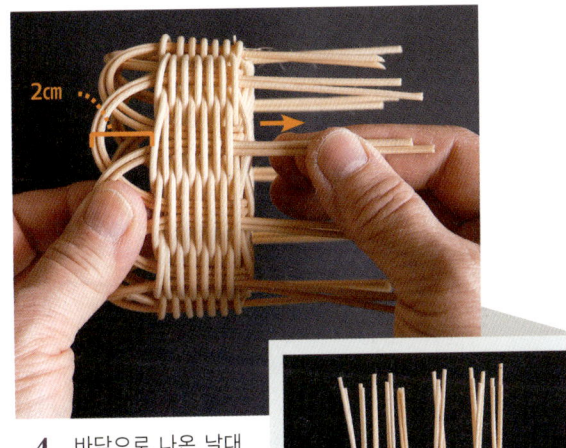

2cm

4 바닥으로 나온 날대를 당겨서 구부려놓은 테두리의 높이가 2cm가 되도록 모양을 잡는다.

뒤집어놓고 수평이 되면 OK.

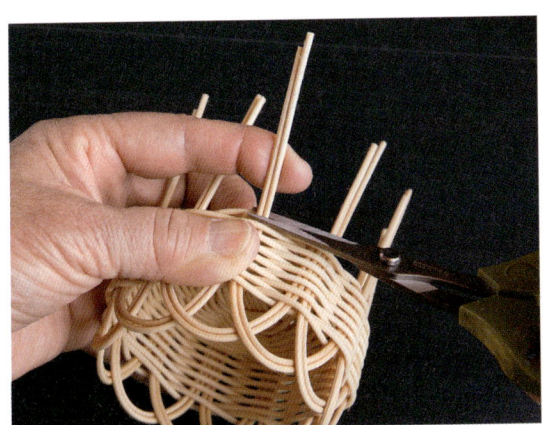

5 날대를 사진처럼 손가락을 사용해서 앞으로 당기며 바닥 옆에서 자른다.

완성

※바늘 쿠션을 만드는 방법은 P.103 참조.

I. 원형 바늘꽂이

● 재료

환심 / 굵기 2mm
├ 날대 35cm 7줄
└ 사릿대 15g

취향에 맞는 천
└ 지름 약 18cm 1장

손바느질용 실, 바늘, 솜

● 완성 치수 :
지름 약 7cm×높이 약 3cm

약 3cm

약 7cm

● 날대 짜는 방법 : 십자 바닥

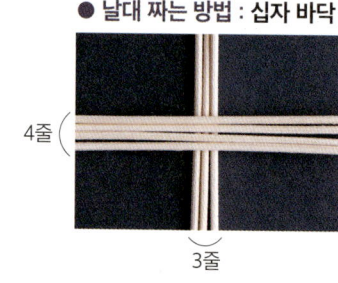

4줄

3줄

How to make

  바닥을 짠다 >>> 십자 바닥

C. 채반(소)의 ◆ (P.78)과 똑같은 요령으로 십자 바닥을 짠다.

날대를 십자 모양으로 겹치고(세로 3줄 위에 가로 4줄) 부드러운 사릿대를 1바퀴 감은 후 날대를 뒤집고 사릿대를 돌려서 1바퀴 감는다.

※원형 바늘꽂이는 날대 수가 적으므로 각 날대에 사릿대를 1바퀴만 감으면 된다.

사릿대를 감는 방법

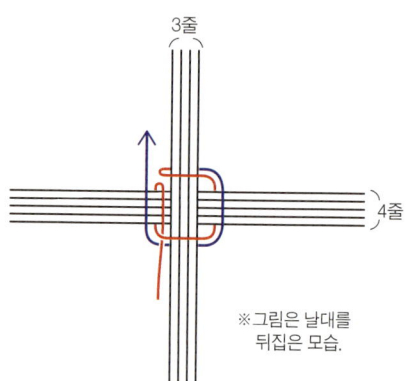

3줄

4줄

※그림은 날대를 뒤집은 모습.

  바닥을 엮어나간다 >>> 나선엮기, 막엮기

1 날대를 2줄씩(사릿대를 아래 2줄, 위 2줄 순서로 통과시킨다) 나눠가며 1바퀴를 엮는다.

2 1바퀴를 엮은 모습.

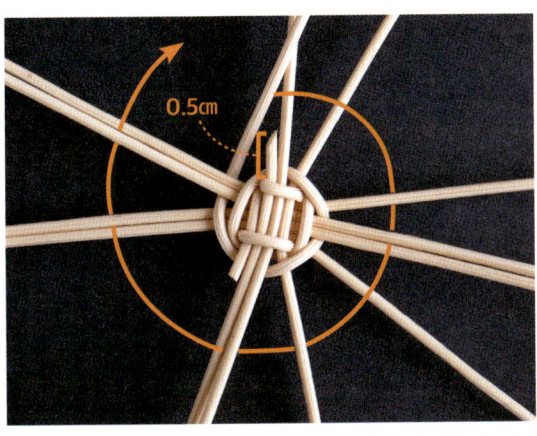

3 다음 바퀴의 날대 2줄 중 왼쪽 1줄(2의 ★)을 자른다. 가장 자리는 약 0.5㎝ 남겨놓는다. 여기에서 다시 한 번 날대를 위 2줄, 아래 2줄로 번갈아가며 떠서 엮는다.

4 날대를 잘라서 홀수로 하면 2줄씩 떠서 엮어도 저절로 1줄씩 나뉘어 본체가 나선 모양이 된다. 이것을 '나선엮기'라고 한다. 지름 3㎝가 될 때까지 나선엮기를 한 다음 날대를 1줄씩 나눠가며 막엮기를 한다.

 POINT 처음부터 날대를 1줄씩 엮으면 옆의 날대와의 간격이 너무 좁아져서 예쁘게 짤 수 없다. 이를 피하기 위해 본체가 어느 정도 커질 때까지 2줄씩 엮는다.

5 본체가 지름 5.5㎝가 될 때까지 막엮기를 한다. 날대가 일정한 간격의 방사형이 되도록 엮는다.

6 날대를 왼손가락 끝으로 구부려서 둥글게 만든다.

7 모든 날대를 둥글게 만든 모습. 여기에서 위쪽으로 세워 올린다. 본체의 뒤쪽이 바구니 속이 된다.

3 ## 옆면을 엮어나간다 >>> 막엮기, 사릿대 1줄로 안쪽 2줄 꼬아엮기

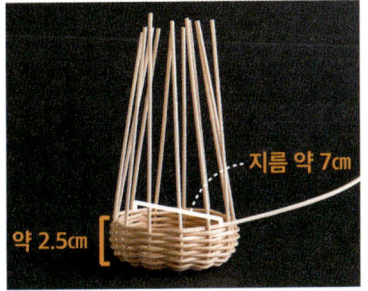

1 막엮기로 높이 약 2㎝까지 엮는다. 이때의 지름은 약 7.5㎝가 기준이다.

2 계속해서 높이 약 2.5㎝까지 안쪽으로 조금 오므라지게 엮는다. 이때의 지름은 약 7㎝가 기준이다.

3 2까지 엮으면 사릿대를 본체의 1바퀴 길이보다 조금 길게 남겨서 자르고 끝부분을 사릿대 1줄로 안쪽 2줄 꼬아엮기로 처리한다.
사릿대 1줄로 안쪽 2줄 꼬아엮기 … P.83 ④

4 테두리를 마무리한다

>>> 젖혀 마무리(날대 1줄 앞에서 젖히기)

※일반적인 젖혀 마무리는 3단계 때 날대 2줄 앞에서 젖히지만 이 작품은 작아서 날대 1줄 앞에서 젖힌다.

1 날대를 물로 촉촉하게 적셔 부드럽게 만들고 못뽑이를 사용해서 모든 날대를 가로 방향으로 집는다.
못뽑이 사용법 … P.63

틈이 벌어지지 않도록
위에서 꾹 누른다

날대를 움직이는 방법

2 날대 1줄을 오른쪽 옆의 날대를 떠서(안쪽에서 바깥쪽) 오른쪽으로 꺾는다.

3 2와 똑같은 방법으로 모든 날대를 오른쪽으로 꺾고 마지막 날대는 처음 날대의 튀어나온 부분에 넣는다(안쪽에서 바깥쪽). 젖혀 마무리 1단계가 완성되었다.

날대를 움직이는 방법

4 다음은 날대를 오른쪽 옆의 튀어나온 부분에 넣는다(바깥쪽에서 안쪽).

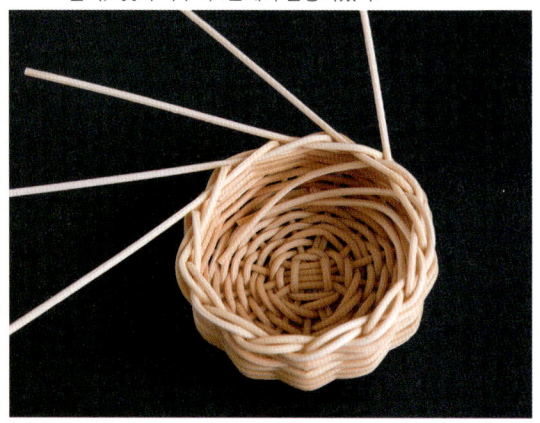

5 고정한 날대는 안쪽을 따라간다.

6 마지막 날대는 처음 날대의 튀어나온 부분에 넣는다(바깥쪽에서 안쪽). 젖혀 마무리 2단계가 완성되었다.

날대를 움직이는 방법

7 안쪽으로 들어간 날대 2줄을 잡고 **①**을 **②**의 앞을 지나 **②**와 **③** 사이에서 안쪽(**③**의 뒤)으로 꺾는다. 이 방법을 '날대 1줄 앞에서 젖히기'라고 한다.

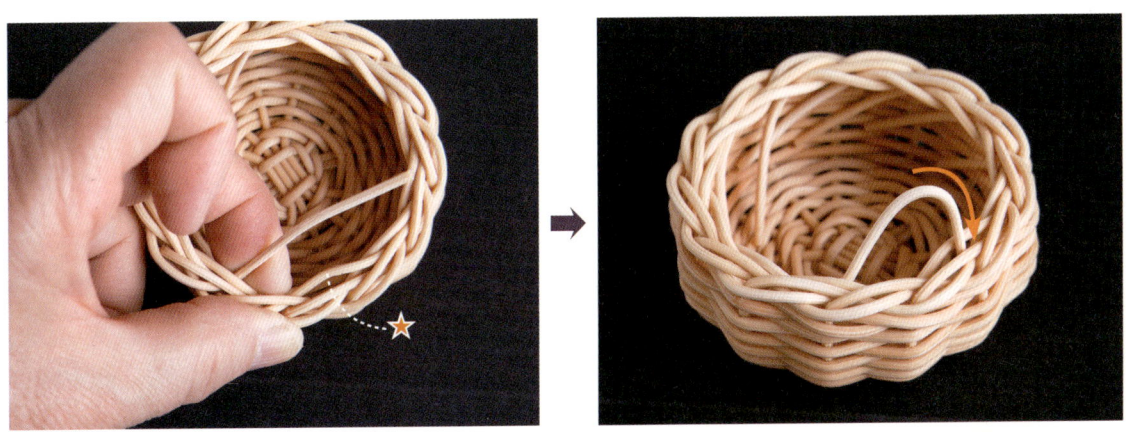

8 7을 반복해서 마지막 날대는 처음 날대(★)의 튀어나온 부분에 넣는다(바깥쪽에서 안쪽). 젖혀 마무리 3단계가 완성되었다.

9 남은 날대를 안쪽에서 교차한 날대 밑에서 자른다. 짧으면 풀어지고 길면 걸리므로 잘 조절하며 자른다.

완성

바늘 쿠션 만드는 방법

취향에 맞는 천을 지름 약 18cm 크기로 준비해서 테두리를 홈질한다. 속에 솜을 채운 다음 홈질한 실을 잡아당겨 형태를 잡고 매듭을 지어 고정한 후 바구니에 넣는다.

※이 크기는 기준으로 설정한 것이며, 완성한 바구니에 맞춰서 천의 크기를 조절한다.

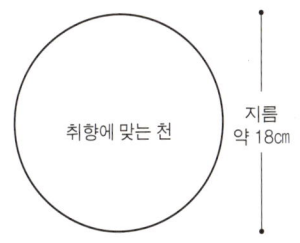

취향에 맞는 천

지름
약 18cm

J. 도시락 바구니

● 재료

환심 / 굵기 2mm
├ 날대 65cm 12줄
└ 사릿대 50g

취향에 맞는 천
└ 적당량

손바느질용 실, 바늘

● 완성 치수 :
지름 약 13.5cm×높이 약 6cm
(천 부분 제외)

약 13.5cm

약 6cm

● 날대 짜는 방법 : 십자 바닥

6줄

6줄

How to make

1 바닥을 짠다 >>> 십자 바닥, 나선엮기, 막엮기

C. 채반(소)의 **1**(P.78)과 똑같은 요령으로 십자 바닥을 짠다. 바닥은 I. 원형 바늘꽂이의 **2**-1~5(P.100)와 똑같은 요령으로 짠다.

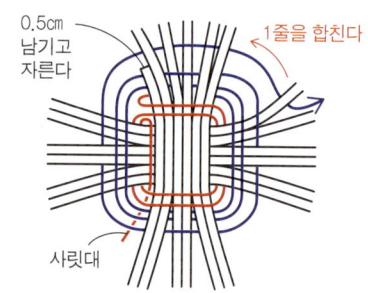

0.5cm
남기고
자른다

1줄을 합친다

사릿대

10cm   6cm

1 날대를 십자 모양으로 겹쳐서(세로 6줄 위에 가로 6줄) 부드러운 사릿대를 2바퀴 감은 후 날대를 뒤집고 사릿대를 돌려서 2바퀴 감는다. 그런 다음 날대를 2줄씩 나눠가며 1바퀴를 엮는다.

2 다음 바퀴의 날대 2줄 중 왼쪽 1줄을 자른다. 다시 날대를 아래 2줄, 위 2줄로 번갈아가며 떠서 지름 6cm가 될 때까지 나선엮기를 한다.
나선엮기 … P.101 **2**-3~4

3 지름이 6cm가 되면 날대 1줄로 지름 10cm가 될 때까지 막엮기를 한다.

2 옆면을 엮는다 >>> 막엮기, 화살깃무늬엮기

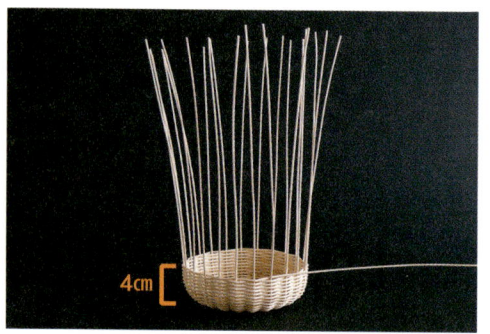

4cm

1 손끝을 사용해서 날대를 위쪽으로 구부려서 완만한 곡선을 만든다.
둥글게 만드는 방법 … P.101 **2**-6

2 세워 올릴 부분을 둥글게 만들어가며 바닥에 이어 막엮기를 하고 지름 12cm가 되면 날대를 똑바로 세워서 높이 4cm가 될 때까지 막엮기를 한다.

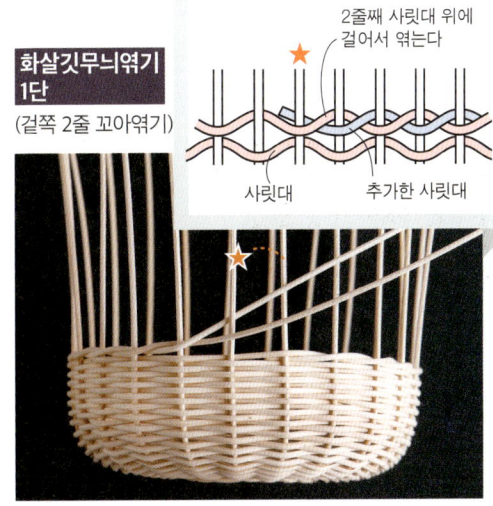

화살깃무늬엮기 1단

(겉쪽 2줄 꼬아엮기)

2줄째 사릿대 위에 걸어서 엮는다

★

사릿대   추가한 사릿대

3 높이 4㎝가 되면 사릿대(본체 2바퀴 길이보다 길게) 1줄을 사진과 같이 날대 사이에 넣는다.

4 날대를 1줄 비켜놓은 상태에서 사릿대 2줄을 교차 시키듯이 번갈아가며 엮는다. 이를 '겉쪽 2줄 꼬아 엮기'라고 한다.

화살깃무늬엮기 2단

(안쪽 2줄 꼬아엮기)

겉쪽 2줄 ●─→ 다음 단
꼬아엮기   안쪽 2줄 꼬아엮기
★

2줄째 사릿대 밑을 통과시켜서 오른쪽 옆의 날대에 건다

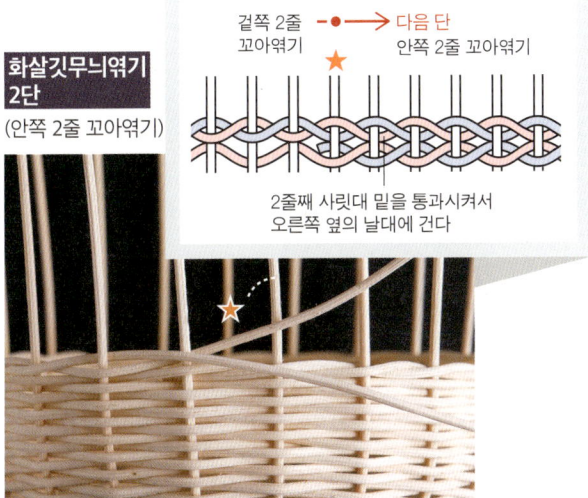

5 겉쪽 2줄 꼬아엮기로 1바퀴를 엮는다. 시작 위치까 지 오면 다음 단은 첫 번째 사릿대를 두 번째 사릿대 밑으로 통과시킨 후 오른쪽 옆의 날대에 건다. 이를 '안쪽 2줄 꼬아엮기'라고 한다.

6 계속해서 엮은 모습. 꼬아엮기 무늬가 앞단과는 반 대가 되어 있다. 이 1~2단을 엮는 방법을 화살깃무 늬엮기라고 한다.

2줄 꼬아엮기의 화살깃무늬엮기

이 방법은 2단(❷-3~7)으로 무늬 하나를 만드는 방법 입니다. 1단은 겉쪽 2줄 꼬아엮기, 2단은 안쪽 2줄 꼬 아엮기로 엮습니다.

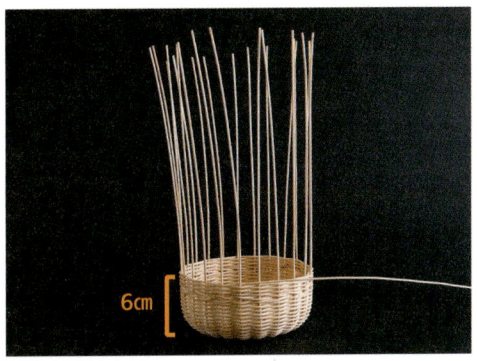

6㎝

7 안쪽 2줄 꼬아엮기로 1바퀴를 엮은 후 3에서 추가한 사릿대를 자른다.

8 높이 6㎝가 될 때까지 막엮기를 한다.

다 엮은 사릿대를 처리한다 >>> 3줄 꼬아엮기

1, 2는 알아보기 쉽게 색을 입힌 사릿대를 추가했다.

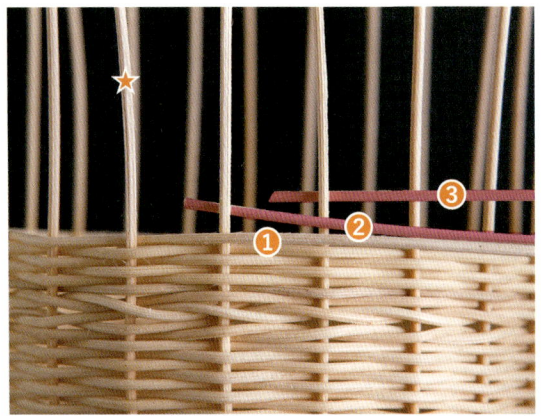

1 사릿대(본체 1바퀴 길이보다 길게) 2줄(❷, ❸)을 사진과 같이 날대 사이에 넣는다.

2 ❶의 사릿대를 오른쪽 옆의 날대 2줄 앞쪽을 지나 3줄째를 떠서 엮는다.

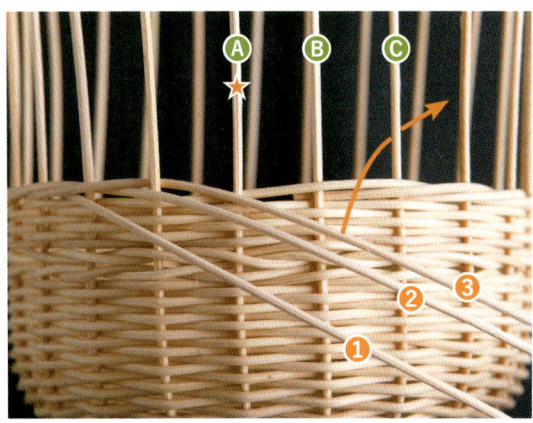

3 ❷, ❸의 사릿대도 2의 화살표와 같이 날대 2줄 앞쪽을 지나 3줄째를 떠서 엮는다. 이를 '3줄 꼬아엮기'라고 한다. 3줄 꼬아엮기를 1바퀴 엮는다. 시작(★) 부분까지 오면 ❸의 사릿대를 3줄 앞의 날대 ⓒ에 건다.

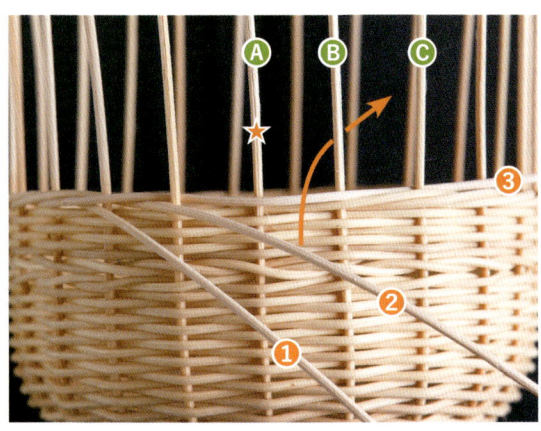

4 똑같은 방법으로 ❷의 사릿대를 3줄 앞의 날대 ⓑ에 건다.

5 똑같은 방법으로 ❶의 사릿대를 3줄 앞의 날대 ⓐ에 건다.

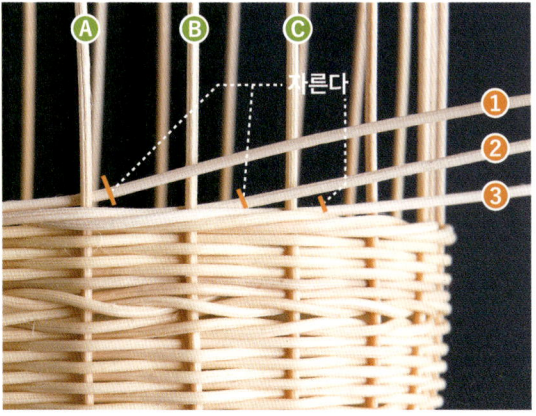

6 3~5의 작업을 3줄 꼬아엮기의 '단 없애기'라고 한다. 각각의 사릿대를 날대에 걸리도록 자른다.

4 테두리를 마무리한다 >>> 젖혀 마무리(날대 2줄 앞에서 젖히기)

◆ I. 원형 바늘꽂이 ◆ (P.102)와 똑같은 요령으로 마무리한다.

1 날대를 물로 촉촉하게 적셔 부드럽게 만든 후 못뽑이를 사용해서 가로 방향으로 집는다. 3줄 꼬아엮기의 끝부분을 제외하고 젖혀 마무리를 시작한다. 먼저 첫 번째 날대를 안쪽으로 꺾으며 오른쪽 옆의 날대 1줄의 뒤를 지나 바깥쪽으로 빼낸다(안쪽에서 바깥쪽). 똑같은 방법으로 모든 날대를 꺾는다.

2 마지막 날대는 처음 날대의 튀어나온 부분에 넣어 바깥쪽으로 빼낸다. 젖혀 마무리 1단계가 완성되었다.

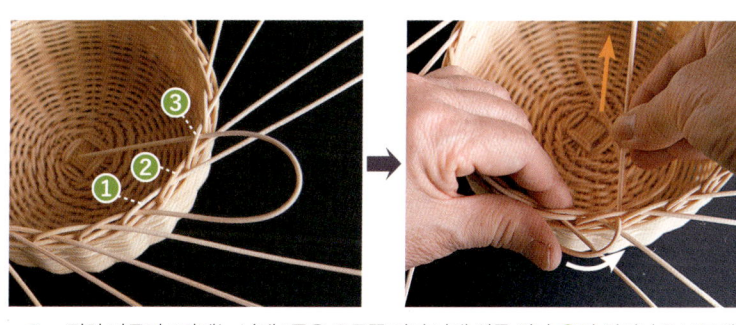

3 젖혀 마무리 2단계는 날대 1줄을 오른쪽 옆의 날대 위를 지나 ❸의 튀어나온 부분에 넣는다. 느슨하지 않도록 꽉 잡아당긴다.
※P.102와는 날대를 끼워 넣는 위치가 다르므로 주의한다.

4 모든 날대를 똑같은 방법으로 끼워 넣고 마지막은 ❶의 튀어나온 부분(3의 사진 참조)에 넣는다. 젖혀 마무리 2단계가 완성되었다.

5 안쪽으로 빼낸 날대 3줄을 가운데 쪽으로 잡아 올린다.

6 첫 번째 날대를 두세 번째 날대의 앞쪽을 지나 안쪽으로 꺾는다. 이를 '날대 2줄 앞에서 젖히기'라고 한다. 꺾은 날대는 가운뎃손가락과 엄지손가락으로 잡아서 꾹 누른다.

7 똑같은 방법으로 모든 날대를 꺾는다. 마지막에 남은 2줄의 첫 번째 줄은 이미 꺾은 날대의 튀어나온 부분에 넣는다.

8 마지막 날대는 7의 오른쪽 옆 튀어나온 부분에 넣는다. 젖혀 마무리 3단계가 완성되었다. 남은 날대를 안쪽에서 교차한 날대 밑에서 자른다.

바구니
완성

※천을 붙이지 않고 이대로 사용해도 상관없다.

◆ 5 천을 붙인다

좋아하는 천을 바구니 크기에 맞춰서 삼각형 모양으로 두 장을 꿰매고 화살깃무늬로 엮은 틈에 바늘을 통과시켜 꿰매 붙인다.

천의 모양은 취향에 따라 선택하세요. 작품은 무지와 무늬가 섞였는데 직사각형 천을 사용해서 복조리 형식의 가방으로 만들어도 귀여워요.

완성

유산지 등을 깔고 주먹밥이나 빵, 과자를 담아보세요. 통기성이 좋아서 음식물을 담아도 안심할 수 있답니다.

K. 장식 바구니

● **재료**

환심 / 굵기 2.5mm
├ 날대 55cm 10줄
├ 덧날대 22cm 19줄
└ 사릿대 85g

● **완성 치수 :**
지름 약 16cm×높이 약 10cm

약 16cm
약 10cm

● **날대 짜는 방법 : 십자 바닥**

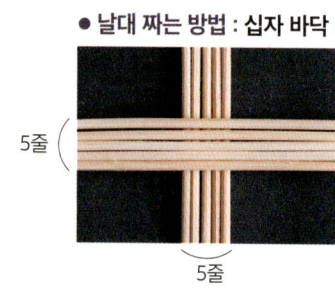

5줄

5줄

How to make

◆1 바닥을 짠다 >>> 십자 바닥, 나선엮기, 막엮기

C. 채반(소)의 ❶(P.78)과 똑같은 요령으로 십자 바닥을 짠다. 바닥은 **I.** 원형 바늘꽂이의 ❷-1~5(P.100)와 똑같은 요령으로 짠다.

6cm

12cm

❶ 날대를 십자 모양으로 겹치고(세로 5줄 위에 가로 5줄) 부드러운 사릿대를 2바퀴 감고 나면 날대를 뒤집고 사릿대를 돌려서 2바퀴를 감는다.

❷ 날대를 아래 2줄, 위 2줄로 번갈아가며 떠서 1바퀴를 짠다.

❸ 다음 바퀴의 날대 2줄 중 왼쪽 1줄을 자른다(P.101 ❷-3 참조).

❹ 날대를 위 2줄, 아래 2줄로 번갈아가며 떠서 나선엮기를 하고 지름 6cm가 되면 날대 1줄로 지름 12cm가 될 때까지 막엮기를 한다.

나선엮기 … P.101 ❷-3~4

◆2 옆면을 엮는다 >>> 3줄 꼬아엮기, 막엮기

3줄 꼬아엮기

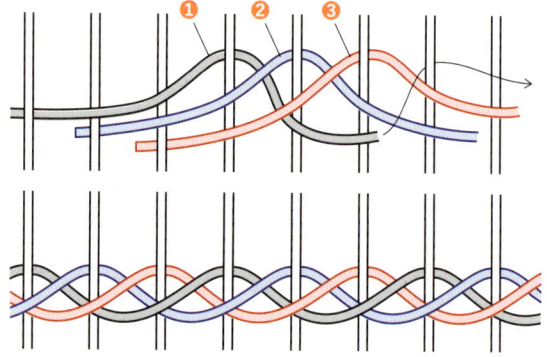

❶ ❷ ❸

1　사릿대(본체 2바퀴 길이보다 길게) 2줄을 사진과 같이 날대 사이에 넣는다. 3줄 꼬아엮기로 1바퀴를 짜서 단을 없앤다. 사릿대는 3줄 다 자르지 않고 남겨놓는다.
　3줄 꼬아엮기, 단 없애기 … P.106 ❷

사릿대 3줄은 각각 날대 2줄 위를 지나 3줄째를 떠서 엮는다.

2 날대를 물로 촉촉하게 적셔 부드럽게 만든 후 못뽑이를 사용해서 세로 방향으로 집는다. 전부 똑같은 방법으로 처리한다.

못뽑이 사용법··· P.63

3 시작 위치의 날대를 중심을 향해 안쪽으로 꺾는다. 이렇게 하면 밑부분이 단단히 조여져서 시작 위치가 느슨해지지 않고 예쁘게 짤 수 있다.

4 날대 2줄을 안쪽으로 꺾은 후 3줄 꼬아엮기(❶의 사릿대를 ★의 날대를 떠서 엮는 부분에서 시작)를 한다.

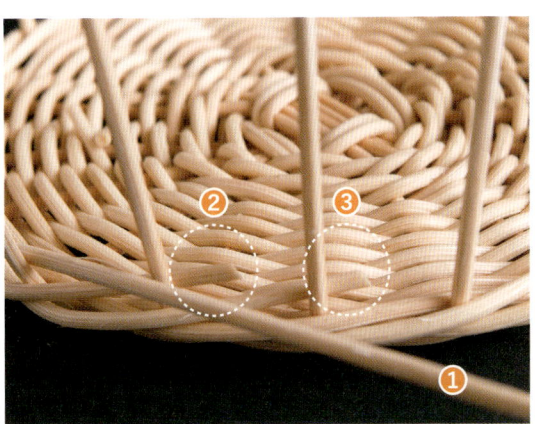

5 3줄 꼬아엮기로 1바퀴를 엮고 나면 단을 없앤다. ❶의 사릿대만 남기고 ❷와 ❸을 각각의 시작 위치에서 자른다. 반드시 날대에 걸리도록 한다. 이를 '밑부분 다지기'를 한 3줄 꼬아엮기라고 한다.

6 높이 1㎝까지 날대 1줄로 막엮기를 한다.

※송곳으로 손끝을 찌르지 않도록 주의한다.

7 날대 왼쪽에 송곳을 찔러 넣어 틈을 벌리고 덧날대 1줄을 끼워 넣는다. 덧날대는 바닥으로 나오지 않게 손가락으로 누르며 끼운다.

111

8 똑같은 방법으로 모든 날대에 덧날대를 끼운다.

7㎝

9 높이 7㎝가 될 때까지 막엮기를 한다.

② ③ ①

10 사릿대(본체 1바퀴 길이보다 길게) 2줄을 날대 사이에 넣고 3줄 꼬아엮기로 1바퀴를 엮는다.

11 3줄 꼬아엮기로 1바퀴를 엮은 후 단을 없애고 사릿대를 자른다. 가장자리는 반드시 날대에 걸리도록 한다.

◆ 3 테두리를 마무리한다 >>> 엮어 마무리

1 날대를 오른쪽으로 꺾고 첫 번째 날대의 뒤쪽을 지나 두 번째 날대 앞으로 빼내서(안쪽에서 바깥쪽) 세 번째 날대의 안쪽으로 빼낸다(바깥쪽에서 안쪽).

날대를 움직이는 방법

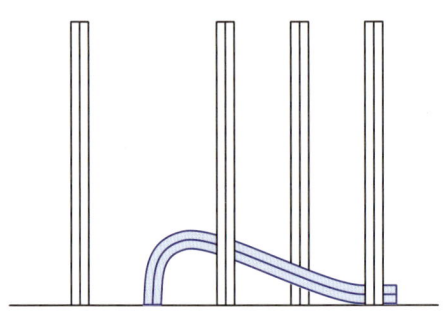

마지막 2줄

처음의 튀어나온
부분이었던 날대

2 날대가 마지막 2줄이 남으면 처음의 2줄을 푼다.

3 다시 **1**을 반복해서 마지막 날대는 1줄씩 화살표와 같이 튀
어나온 부분 두 군데에 조심스럽게 통과시킨다.

4 엮어 마무리가 완성되었다.

날대에 걸리도록
자른다

안쪽

5 안쪽으로 나온 날대를 겉쪽의 날대에 걸리도록 비스듬히
자른다.

완성

L. 소품 바구니

● **재료**

환심 / 굵기 2mm

- 날대 65cm 11줄
- 덧날대 6cm 21줄
- 사릿대 60g

● **완성 치수 :**
지름 약 14cm×높이 약 7cm

약 14cm

약 7cm

● **날대 짜는 방법 : 십자 바닥**

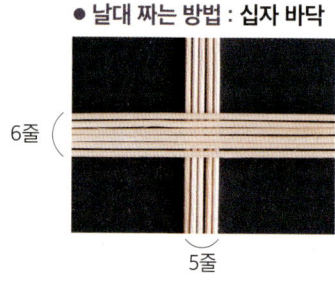

6줄

5줄

How to make

1 **바닥을 짠다**

❶ 날대를 십자 모양으로 겹쳐 부드러운 사릿대로 엮는다
(2바퀴를 감아서 뒤집고 사릿대를 돌려서 2바퀴를 감는다).

❷ 날대를 아래 2줄, 위 2줄로 번갈아가며 떠서 1바퀴를
짜고, 다음 바퀴의 날대 2줄 중 왼쪽 1줄을 자른 후 지름
6cm까지 날대 2줄(위 2줄, 아래 2줄)로 나선엮기를 한다.
나선엮기 … P.101 ❷-3~4

❸ 지름 11cm까지 날대 1줄(위 1줄, 아래 1줄)로 막엮기를
한다. **막엮기** … P.81 ❷-1~5

❹ 사릿대 2줄을 더해서 3줄 꼬아엮기로 1단을 짜고 단을
없앤다. 사릿대는 3줄을 남긴다.
3줄 꼬아엮기, 단 없애기 … P.106 ❸

2 **밑부분을 다진 3줄 꼬아엮기를 한다**

❶ 날대를 물로 촉촉하게 적셔 부드럽게 만들고 못뽑이를
사용해서 세로 방향으로 집어 접은 자국을 낸다
(P.98 ❷-1~2참조). **못뽑이 사용법** … P.63

❷ 밑부분을 다진 3줄 꼬아엮기로 1단을 짜고 단을 없앤
다(P.11 ❷-2~5 참조). 사릿대 1줄을 남기고 자른다.

3 **덧날대를 끼운다**

❷에서 막엮기로 약 1cm 높이를 엮은 후 덧날대를 날대의
오른쪽 옆에 1줄씩 끼워 넣는다(P.111 ❷-6~8 참조).

약 1cm

4 **옆면을 엮는다**

높이 6cm까지 날대 2줄 1묶음(위 1묶음, 아래 1묶음)으로
막엮기를 한다. 세워 올릴 부분의 지름은 약 13.5cm가 기준.

5 **3줄 꼬아엮기를 한다**

3줄 꼬아엮기로 1단을 짜서 단을 없앤다. 사릿대 3줄을 자른다.

6 **테두리를 마무리한다**

❶ 날대를 물로 촉촉하게 적셔 부드럽게 만들고 못뽑이를 사용해서 가로 방향으로
집어서 젖혀 마무리(날대 2줄 앞에서 젖히기)를 한다. **젖혀 마무리** … P.107 ❷

❷ 남은 날대를 자른다.

링

십자바닥

우물정바닥

쌀미바닥

아와지매듭

타원바닥

M.휴지통

약 20㎝

약 22.5㎝

- ● **재료**
  환심 / 굵기 2.5㎜
  ├ 날대 110㎝ 13줄
  ├ 덧날대 22㎝ 25줄
  └ 사릿대 80g
- ● **완성 치수 :**
  지름 약 20㎝×높이 약 22.5㎝

7줄

6줄

How to make

1 ### 바닥을 짠다

❶ 날대를 십자 모양으로 겹쳐 부드러운 사릿대로 엮는다 (2바퀴를 감아서 뒤집고 사릿대를 돌려서 2바퀴를 감는다).
❷ 날대를 아래 2줄, 위 2줄로 번갈아가며 떠서 1바퀴를 짜고, 다음 바퀴의 날대 2줄 중 왼쪽 1줄을 자른 후 지름 8㎝까지 날대 2줄(위 2줄, 아래 2줄)로 나선엮기를 한다. **나선엮기** … P.101 ❷-3~4
❸ 지름 13㎝까지 날대 1줄(위 1줄, 아래 1줄)로 막엮기를 한다. **막엮기** … P.81 ❷-1~5
❹ 사릿대 2줄을 더해서 3줄 꼬아엮기로 1단을 짜고 단을 없앤다. 사릿대는 3줄을 남긴다.
3줄 꼬아엮기, 단 없애기 … P.106 ❷

2 ### 밑부분을 다진 3줄 꼬아엮기를 한다

❶ 날대를 물로 촉촉하게 적셔 부드럽게 만들고 못뽑이를 사용해서 세로 방향으로 집어 접은 자국을 낸다 (P.98 ❷-1~2 참조). **못뽑이 사용법** … P.63
❷ 밑부분을 다진 3줄 꼬아엮기로 1단을 짜고 단을 없앤다(P.111 ❷-2~5 참조). 사릿대는 3줄을 남긴다.

3 ### 3줄 꼬아엮기를 한다

모양을 잡기 위해서 다시 1단을 3줄 꼬아엮기를 해서 단을 없앤다. 사릿대 1줄을 남기고 자른다.

4 ### 덧날대를 끼운다

❸에서 막엮기로 약 1㎝ 높이를 엮은 후 덧날대를 날대의 오른쪽 옆에 1줄씩 끼워 넣는다(P.111 ❷-6~8 참조).

5 ### 옆면을 엮는다

높이 22㎝까지 날대 2줄 1묶음(위 1묶음, 아래 1묶음)으로 막엮기를 한다. 세워 올릴 부분의 지름은 약 20㎝가 기준.
※ 입구 쪽이 조금 넓어지도록 날대를 바깥쪽으로 살짝 밀어내듯이 엮는다.

약 1㎝

6 ### 3줄 꼬아엮기를 한다

3줄 꼬아엮기로 1단을 짜서 단을 없앤다. 사릿대 3줄을 자른다.

7 ### 테두리를 마무리한다

❶ 날대를 물로 촉촉하게 적셔 부드럽게 만들고 못뽑이를 사용해서 가로 방향으로 집어서 젖혀 마무리(날대 2줄 앞에서 젖히기)를 한다. **젖혀 마무리** … P.107 ❹
❷ 남은 날대를 자른다.
※남은 날대를 자르기 전에 한 번 더 젖히기를 하면 강도가 높아진다.

115

N. 뚜껑 있는 바구니(뚜껑)

● 재료

환심 / 굵기 2㎜
 ├ 날대 70㎝ 15줄
 └ 사릿대 60g

● 완성 치수 :
  지름 약 19.5㎝×높이 약 4㎝

약 19.5㎝

약 4㎝

● 날대 짜는 방법 : 쌀미 바닥

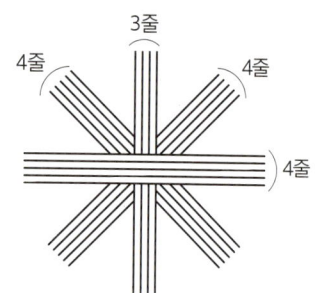

3줄
4줄 / 4줄
4줄

How to make

1 바닥을 짠다

❶ 날대를 쌀미 모양으로 겹쳐 부드러운 사릿대로 엮는다
(2바퀴를 감아서 뒤집고 사릿대를 돌려서 2바퀴를 감는다).
❷ 날대를 아래 2줄, 위 2줄로 번갈아가며 떠서 1바퀴를
짜고, 다음 바퀴의 날대 2줄 중 왼쪽 1줄을 자른 후 지름
9㎝까지 날대 2줄(아래 2줄, 위 2줄)로 나선엮기를 한다.
나선엮기 … P.101❷-3~4
❸ 지름 14㎝까지 날대 1줄(위 1줄, 아래 1줄)로 막엮기를
한다.
막엮기 … P.81❷-1~5

2 옆면을 엮는다

❶ 날대를 세울 부분을 둥글게 만든다(P.101❷-6 참조).
❷ 높이 3㎝까지 날대 1줄(위 1줄, 아래 1줄)로 막엮기를
한다. 세워 올릴 부분의 지름은 약 19㎝가 기준.

3 3줄 꼬아엮기를 한다

3줄 꼬아엮기로 1단을 짜서 단을 없앤다. 사릿대 3줄을 자
른다.
3줄 꼬아엮기, 단 없애기 … P.106❸

4 테두리를 마무리한다

❶ 날대를 물로 촉촉하게 적셔 부드럽게 만들고 못뽑이를
사용해서 가로 방향으로 집어서 젖혀 마무리(날대 2줄 앞
에서 젖히기)를 한다.
젖혀 마무리 … P.107❷
❷ 남은 날대를 자른다.

완성 작품의 지름이 이 뚜껑
으로 덮을 바구니와 똑같아지
도록 치수를 확인하며 엮는다

사용할 때는…
바닥 쪽을 위로 해서 뚜껑으로 사용
합니다.

O. 뚜껑 있는 바구니(바구니)

● **재료**

환심 / 굵기 2mm

ㅏ 날대 80㎝ 15줄
ㅏ 덧날대 7㎝ 29줄
ㅏ 사릿대 110g

● **완성 치수 :**
지름 약 19.5㎝×높이 약 8㎝

● **날대 짜는 방법 : 쌀미 바닥**

약 19.5cm

약 8cm

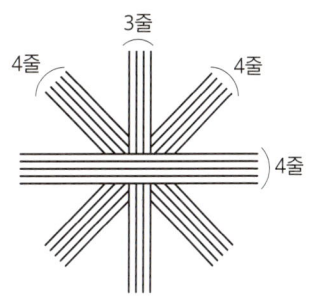

3줄

4줄 4줄

4줄

How to make

1 바닥을 짠다

❶ 날대를 쌀미 모양으로 겹쳐 부드러운 사릿대로 엮는다
(2바퀴를 감아서 뒤집고 사릿대를 돌려서 2바퀴를 감는다).

❷ 날대를 위 2줄, 아래 2줄로 번갈아가며 떠서 1바퀴를
짜고, 다음 바퀴의 날대 2줄 중 왼쪽 1줄을 자른 후 지름
9㎝까지 날대 2줄(아래 2줄, 위 2줄)로 나선엮기를 한다.
나선엮기 … P.101 ❷-3~4

❸ 지름 17㎝까지 날대 1줄(위 1줄, 아래 1줄)로 막엮기를
한다. **막엮기** … P.81 ❷-1~5

❹ 사릿대 2줄을 더해서 3줄 꼬아엮기로 1단을 짜고 단을
없앤다. 사릿대는 3줄을 남긴다.
3줄 꼬아엮기, 단 없애기 … P.106 ❸

2 밑부분을 다진 3줄 꼬아엮기를 한다

❶ 날대를 물로 촉촉하게 적셔 부드럽게 만들고 못뽑이를
사용해서 세로 방향으로 집어 접은 자국을 낸다
(P.98 ❷-1~2 참조). **못뽑이 사용법** … P.63

❷ 밑부분을 다진 3줄 꼬아엮기로 1단을 짜고 단을 없앤
다(P.111 ❷-2~5 참조). 사릿대는 1줄을 남기고 자른다.

3 덧날대를 끼운다

❷에서 막엮기로 약 1㎝ 높이를 엮은 후 덧날대를 날대의
오른쪽 옆에 1줄씩 끼워 넣는다(P.111 ❷-6~8 참조).

4 옆면을 엮는다

높이 7㎝까지 날대 2줄 1묶음(위 1묶음, 아래 1묶음)으로
막엮기를 한다. 세워 올릴 부분의 지름은 약 19㎝가 기준.

5 3줄 꼬아엮기를 한다

3줄 꼬아엮기로 1단을 짜서 단을 없앤다. 사릿대 3줄을 자
른다.

6 테두리를 마무리한다

❶ 날대를 물로 촉촉하게 적셔 부드럽게 만들고 못뽑이를
사용해서 가로 방향으로 집어서 젖혀 마무리(날대 2줄 앞
에서 젖히기)를 한다.
젖혀 마무리 … P.107 ❷

❷ 남은 날대를 자른다.

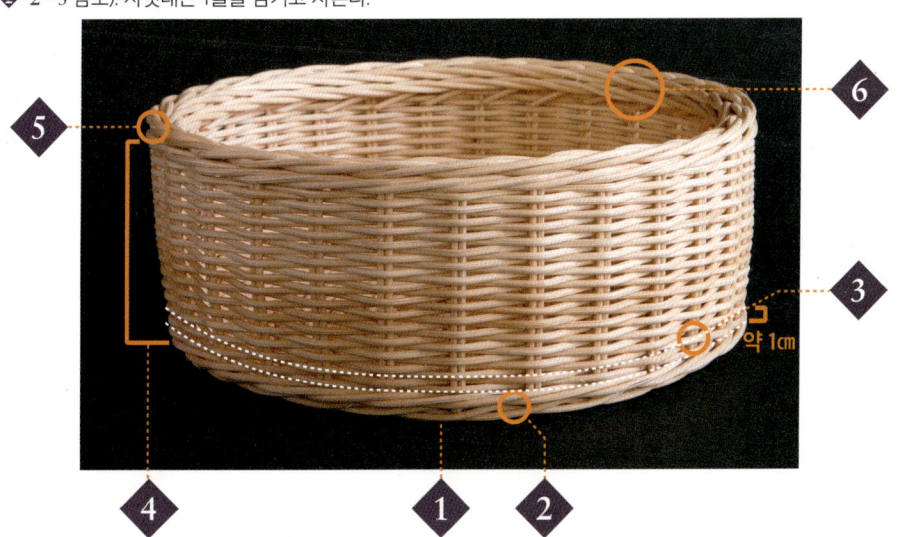

약 1㎝

P. 냄비받침

● 재료

환심 / 굵기 2mm

├ 날대 43cm 13줄
└ 사릿대 25g

● 완성 치수 :
   지름 약 13cm×높이 약 1cm

약 13cm

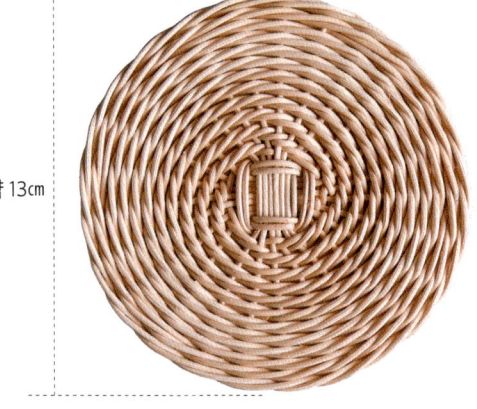

● 날대 짜는 방법 : **십자 바닥**

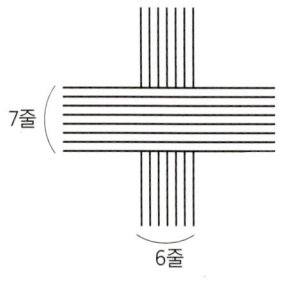

7줄

6줄

How to make

 바닥을 짠다 >>> 십자 바닥, 나선엮기

C. 채반(소)의 ◆(P.78)과 똑같은 요령으로 십자 바닥을 짠다.

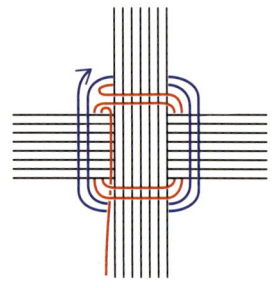

★

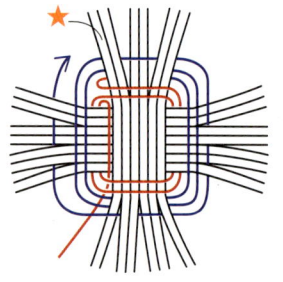

★

0.5cm
남기고 자른다

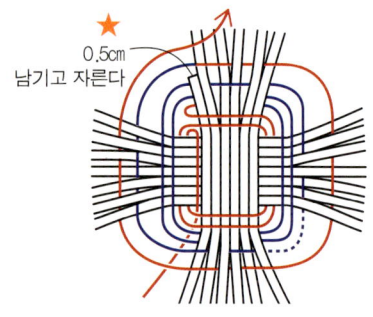

1 날대를 십자 모양으로 겹쳐서(세로 6줄 위에 가로 7줄) 부드러운 사릿대를 2바퀴 감은 후 날대를 뒤집고 사릿대를 돌려서 2바퀴 감는다.

2 날대를 2줄씩(사릿대를 아래 2줄, 위 2줄의 순서로 통과시킨다) 나눠가며 1바퀴를 엮는다.

3 다음 바퀴의 날대 2줄 중 왼쪽 1줄 (2의 ★)을 자르고 날대를 2줄씩(위 2줄, 아래 2줄의 순서) 번갈아가며 떠서 나선엮기를 한다. 1바퀴를 엮으면 날대가 1줄씩으로 나뉜다.

나선엮기 … P.101 ◆-3~4

4 지름 12cm까지 사릿대를 중심 쪽으로 세게 밀어 모으며 나선엮기를 한다. 날대가 보이지 않게 될 정도로 촘촘하게 짜면 좋다.

겹쳐 잇기

사릿대가 부족할 때 날대 2줄에 걸리도록 새 사릿대를 연결하는 방법. 사릿대의 끝부분끼리 겹치므로 강도가 있고 이음매가 안쪽으로 나오지 않기 때문에 예쁘게 완성된다. 사릿대는 부드럽고 심이 있는 환심을 선택한다.

1 사릿대가 다음 날대에 걸리지 않을 정도로 길이가 짧아지면 1줄 앞에 있는 날대에 겹치는 위치(겉쪽)에서 자른다.

118

② 다 엮은 사릿대를 처리한다 >>> 3줄 꼬아엮기

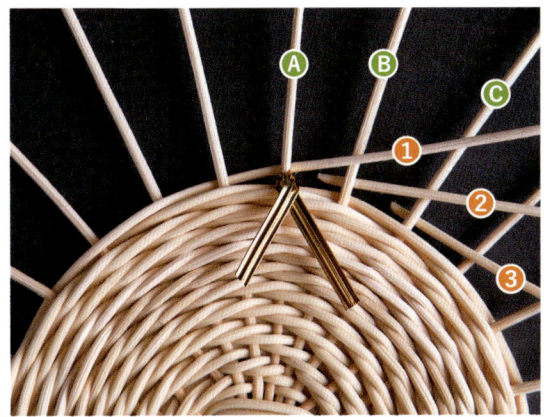

1 마지막 1바퀴는 처음 날대 Ⓐ의 오른쪽 옆 날대Ⓑ, Ⓒ 2줄에 사릿대(본체의 1바퀴 길이보다 길게) 2줄(❷, ❸)을 사진과 같이 넣는다. 각각 날대에 걸리게 한다.
※알기 쉽게 Ⓐ의 날대에 표시했다.

2 처음의 날대 Ⓐ 전까지 3줄 꼬아엮기로 1바퀴를 엮는다.
3줄 꼬아엮기 … P.106 ◆-1~3

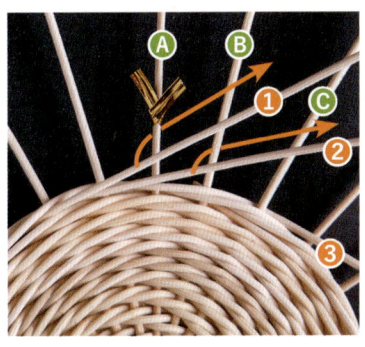

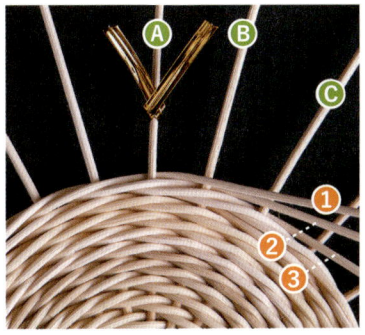

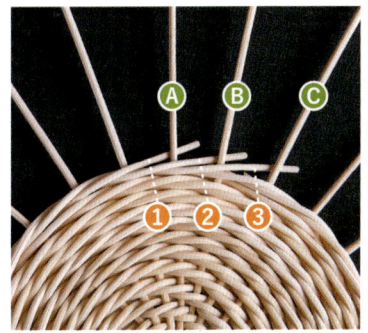

3 시작 위치까지 오면 이번에는 사릿대를 ❶→❸이 아니라 ❸→❶의 순서로 날대에 건다. 먼저 ❸의 사릿대를 3줄 앞에 있는 날대 Ⓒ에 걸어서 앞으로 빼낸다.

4 똑같은 방법으로 ❷의 사릿대를 Ⓑ의 날대, ❶의 사릿대를 Ⓐ의 날대에 걸어서 앞으로 빼낸다(3줄 꼬아엮기의 단 없애기).

5 각각의 사릿대를 날대에 걸리도록 자른다.

2 새 사릿대의 끝을 비스듬히 자르고 겹치는 부분을 송곳자루 등으로 두들겨서 섬유질을 뭉갠다. 이렇게 하면 겹쳐도 너무 두꺼워지지 않는다.

3 ❷의 사릿대를 화살표처럼 엮은 사릿대와 엇갈리게 끼워 넣는다.

4 연결한 위치가 깔끔하게 겹쳐졌다. 이것을 '겹쳐 잇기'라고 한다.

③ 테두리를 마무리한다 >>> 가로 방향으로 고정하는 젖혀 마무리

1 날대를 물로 촉촉하게 적셔 부드럽게 하고 못뽑이를 사용해서 가로 방향으로 집는다. 모든 날대를 똑같은 방법으로 처리한다. **못뽑이 사용법** … P.63

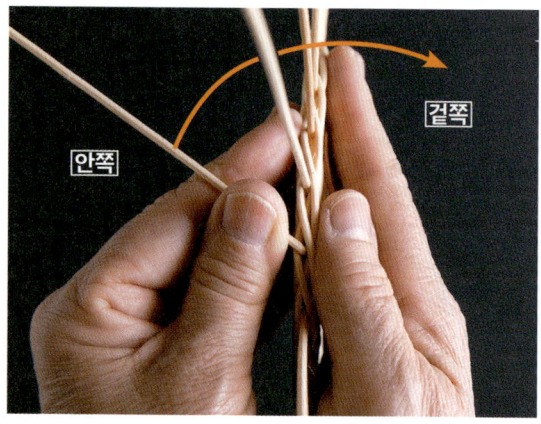

2 사릿대를 자른 위치를 제외하고 젖혀 마무리를 시작한다. 먼저 날대 1줄을 안쪽으로 꺾어서 두 번째 날대 뒤를 지나 겉쪽으로 빼낸다.

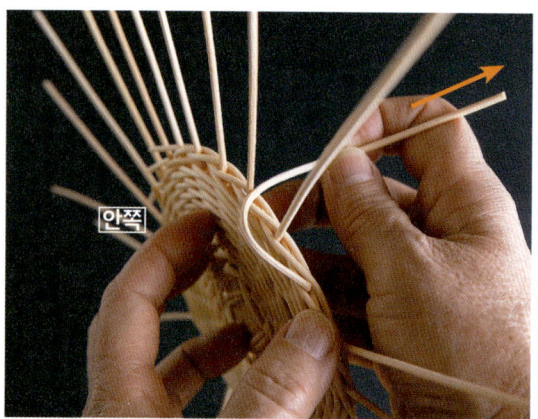

3 겉쪽으로 빼낸 날대를 당겨서 두 번째 날대의 밑부분에 바짝 갖다 댄다.

4 2, 3을 반복한다.

5 마지막 날대는 첫 번째 날대의 튀어나온 부분에 넣어서 겉쪽으로 빼낸다.

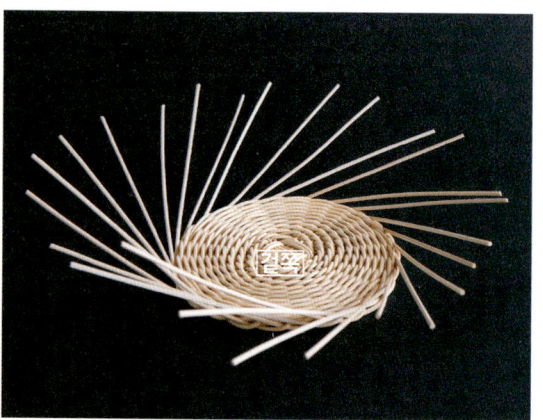

6 날대를 다 꺾은 모습. 젖혀 마무리 1단계가 완성되었다.

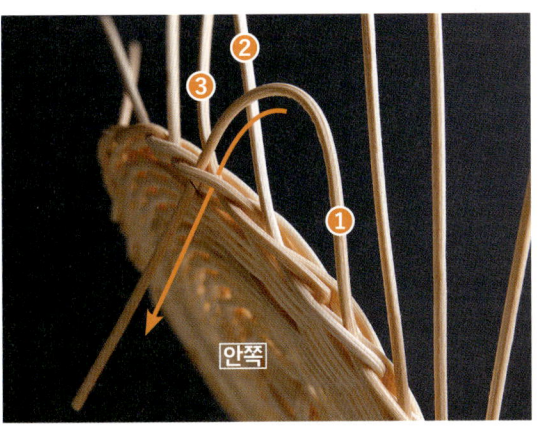

7 젖혀 마무리 2단계는 첫 번째 날대 ❶을 두 번째 날대 ❷의 뒤쪽을 지나 세 번째 날대의 튀어나온 부분에 넣어서 안쪽으로 빼낸다.

8 모든 날대를 똑같은 방법으로 안쪽으로 빼낸다. 마지막 날대는 첫 번째 날대의 튀어나온 부분에 넣는다. 젖혀 마무리 2단계가 완성되었다.

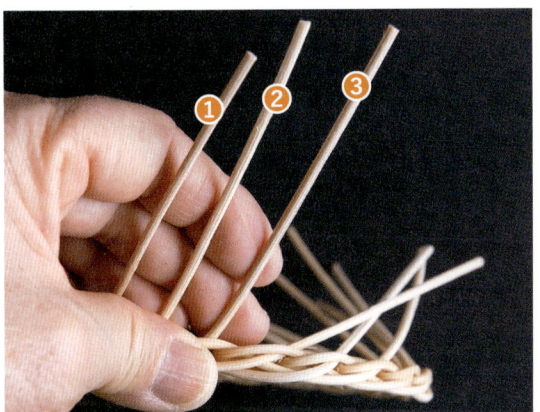

9 젖혀 마무리 3단계는 먼저 날대 3줄을 손으로 잡는다.

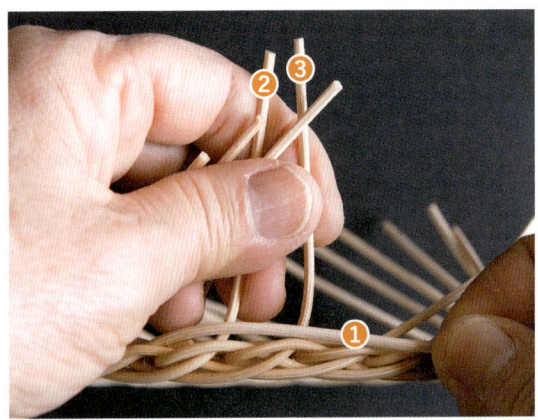

10 첫 번째 날대 ❶을 두 번째, 세 번째(❷, ❸) 날대 앞을 지나 오른쪽 옆으로 꺾는다.

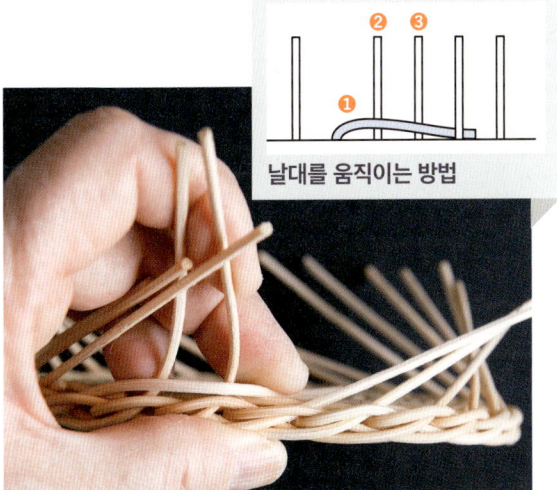

날대를 움직이는 방법

11 꺾은 날대의 끝은 네 번째 날대의 뒤로 눕혀서 가운뎃손가락과 엄지손가락으로 꽉 누른다.

완성

12 똑같은 방법으로 모든 날대를 꺾는다. 젖혀 마무리 3단계가 완성되었다(가로 방향으로 고정하는 젖혀 마무리). 남은 날대를 안쪽에서 교차한 날대 밑에서 자른다. 짧으면 풀어지고 길면 걸리므로 잘 조절하며 자른다.

Q. 도토리 모양 바구니

● 재료

환심 / 굵기 2.5mm
- 날대 110cm 13줄
- 사릿대 225g
- 감기용 사릿대(손잡이 부분) 200cm 1줄
- 감기용 사릿대(심대 전체) 400cm 2줄
- 감기용 사릿대(심대 연결 부분) 70cm 2줄

환심 / 굵기 5mm
- 심대 40cm 2줄

● 완성 치수 :
폭 약 22cm×높이 약 20cm
(손잡이 제외)

플로럴 테이프 적당량
※플로럴 테이프는 부드럽고 내수성과
신축성이 뛰어나서 플라워 연출 등에
서 사용되는 테이프.

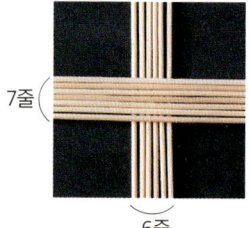

● 날대 짜는 방법 : **십자 바닥**

7줄
6줄

How to make

1 바닥을 짠다 >>> 십자 바닥, 나선엮기

C. 채반(소)의 ◆(P.78)과 똑같은 요령으로 십자 바닥을 짠다.

1
❶ 날대를 십자 모양으로 겹쳐서(세로 6줄 위에 가로 7줄) 부드러운 사릿대를 2바퀴 감은 후 날대를 뒤집고 사릿대를 돌려서 2바퀴 감는다.
❷ 날대를 아래 2줄, 위 2줄로 번갈아가며 1바퀴를 엮는다.
❸ 날대의 마지막 2줄은 다음 바퀴의 날대 1줄과 합쳐서 3줄로 짠다.

3줄

바퀴의 마지막은 앞단에서
3줄 뜬 부분이 1줄씩 앞으
로 어긋난다.

2 계속해서 바퀴의 마지막만 날대 3줄을 떠서 짠다.
1바퀴마다 이 부분에서 날대를 뜨는 위치가 1줄씩
어긋나므로 본체가 나선엮기 모양이 된다.

POINT

보통은 바닥을 나선엮기하기 위
해서 날대 1줄을 자르지만 이 작
품은 바퀴의 마지막만 날대 3줄
을 떠서 엮어 나선엮기 모양이 되
게 한다. 이는 손잡이를 대칭으로
붙일 수 있게 날대를 짝수로 만들
기 위함이다.

3 지름 9.5cm까지 나선엮기를 하면 시
작 위치에 표시를 하고 사릿대(본체
의 1바퀴 길이보다 길게) 2줄(❷, ❸)
을 날대 사이에 넣는다.

4 3줄 꼬아엮기로 1바퀴를 짜고 마지막
에 단을 없애서 ❸의 사릿대만 자른
다.
3줄 꼬아엮기, 단 없애기 ··· P.106 ◆

② 옆면을 엮는다 >>> 따라엮기, 3줄 꼬아엮기, 젖혀 마무리

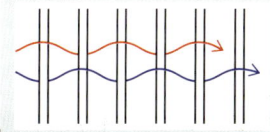

따라엮기

1 3줄 꼬아엮기를 한 후 모든 날대를 물로 촉촉하게 적셔 부드럽게 만들고 못뽑이를 사용해서 세로 방향으로 집는다.
못뽑이 사용법 … P.63

2 사릿대 2줄로 지름 12㎝가 될 때까지 평평하게 따라엮기를 한다.
따라엮기 … P.131◆-10

3 ❶ 날대를 손가락 사이에 끼우고 간격을 일정하게 맞춰서 둥글게 만든다(P.101◆-6 참조).
❷ 날대를 세워 올려서 따라엮기로 높이 19㎝까지 짠다(못뽑이로 집어서 바닥에서부터 올라가는 부분은 완만한 곡선을 이루게 한다). 지름이 22㎝보다 넓어지지 않도록 주의하며 절반 위쪽은 안쪽으로 조금 눌러서 짠다. 다 짰을 때 맨 윗부분의 지름은 17㎝ 정도가 기준.
❸ 사릿대 1줄(본체 1바퀴 길이보다 길게)을 날대 사이에 넣는다(P.132◆-14 참조). 3줄 꼬아엮기로 1바퀴를 짜서 마지막에 단을 없애고 사릿대 3줄을 자른 후 젖혀 마무리(날대 2줄 앞에서 젖히기)로 테두리를 마무리한다.
3줄 꼬아엮기, 단 없애기 … P.106◆ **젖혀 마무리** … P.107❷

4 장바구니(P.134~139❸❹)와 똑같은 요령으로 손잡이를 단다. 심대 부착 위치와 감기용 사릿대를 끼워 넣는 위치는 아래를 참조한다.

사릿대는 앞뒤가 서로 반대 방향이 되도록 감는다

약 8.5㎝

뒷면 앞면

손잡이 높이의 기준
※앞뒤로 심대의 높이가 일치하는지 확인한다.

손잡이
심대 지름 5mm
10.5~11㎝
약 2㎝

심대 부착 위치
▼가 심대 부착 위치(중심의 날대에서 좌우 첫 번째 줄 날대의 바깥쪽). 이 부분에 송곳을 찔러 넣어서 틈을 벌린다.

감기용 사릿대를 끼우는 위치
숫자는 심대 전체의 감기용 사릿대(400㎝)를 끼워 넣는 순서. 오렌지색 숫자는 앞면, 녹색 숫자는 뒷면. ●●는 연결 부분의 감기용 사릿대(70㎝)를 끼우는 위치.

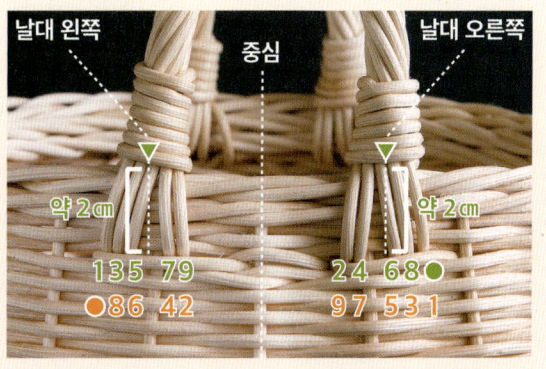

날대 왼쪽 중심 날대 오른쪽

약 2㎝ 약 2㎝

135 79 24 68●
●86 42 97 53 1

3 손잡이를 하나로 모은다

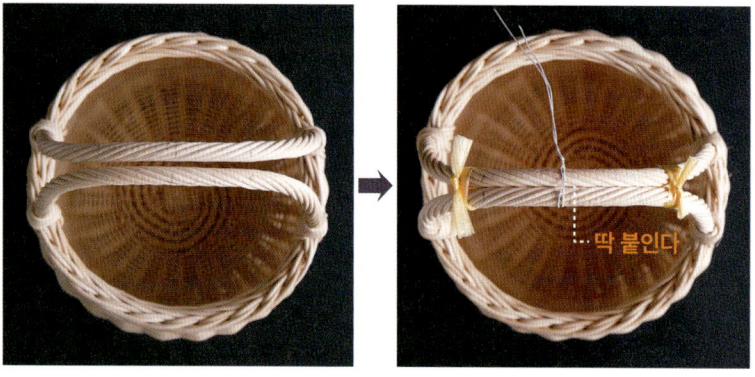

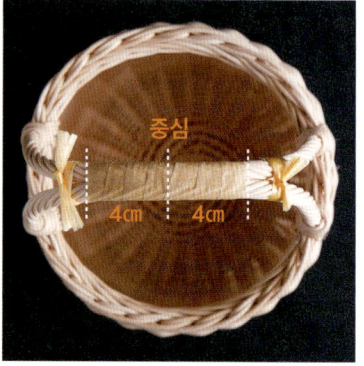

1 손잡이 2줄을 합쳐서 가운데를 철사로 한데 묶고 양옆을 끈으로 묶는다.
※감기용 사릿대로 가려지지 않는 부분은 끈으로 묶는다.

2 철사를 떼어내고 손잡이 가운데 8㎝에 플로럴 테이프(이하 테이프)를 감는다.

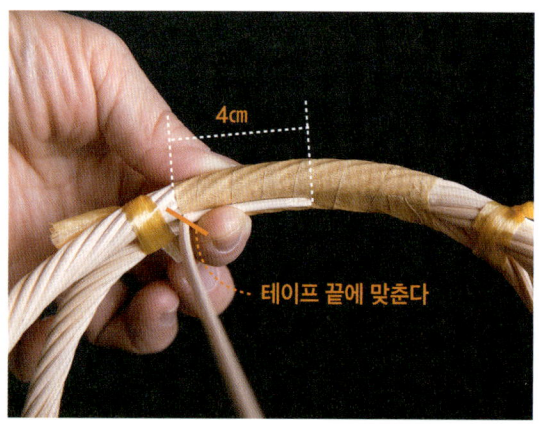

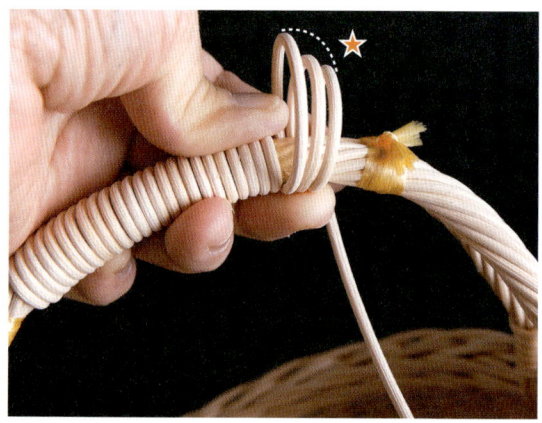

3 감기용 사릿대(200㎝) 끝쪽의 4㎝를 살짝 접고 사진과 같이 손잡이 안쪽에 붙여서 잡는다.

4 감기용 사릿대를 테이프 위에서 풀어지지 않게 빈틈없이 감고 마지막 세 번은 느슨하게 감는다.

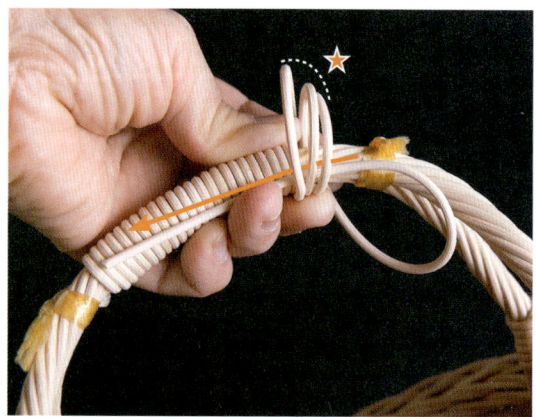

5 감기용 사릿대 끝을 4의 고리(★) 속으로 통과시켜서 손잡이 안쪽에 붙인다.

6 안쪽 고리부터 순서대로 느슨하지 않게 다시 꽉 감는다.

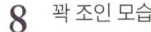

7 마지막은 감기용 사릿대 끝을 잡아당겨서 꽉 조인다.

8 꽉 조인 모습.

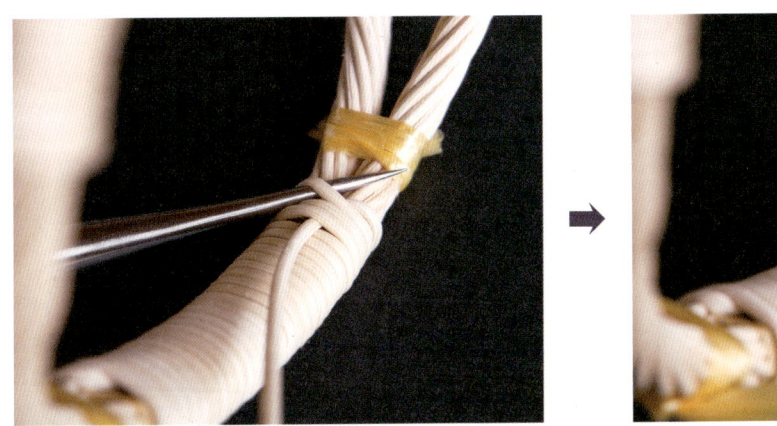

9 가장 끝에 감은 사릿대 사이에 송곳을 찔러 넣어서 틈을 만들고 감기용 사릿대 끝을 통과시킨다. 사릿대가 비틀어지지 않도록 주의한다.

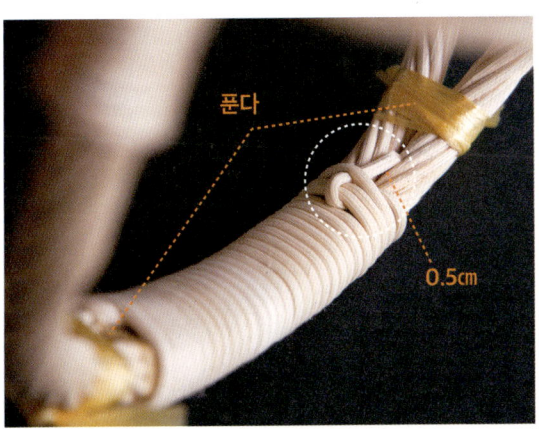

10 감기용 사릿대 끝을 꽉 잡아당겨서 끝을 0.5㎝ 정도 남기고 남은 사릿대를 자른다. 양끝의 끈을 푼다.

완성

R.물수건받침

● 재료

환심 / 굵기 2.5㎜
└ 180㎝ 4줄

● 완성 치수 :
　길이 약 19㎝×폭 약 8.5㎝

약 19㎝

약 8.5㎝

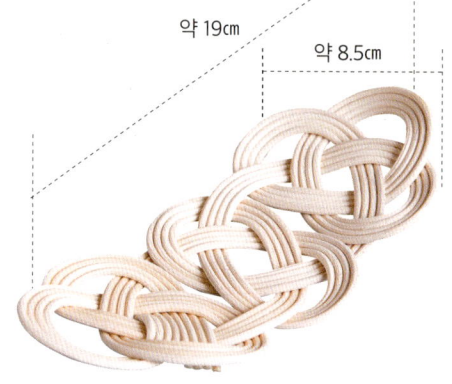

● 심을 묶는 방법 : **아와지 매듭**

How to make

1 아와지 매듭을 만든다

알기 쉽게 환심 4줄의 가운데에서 왼쪽을 심A, 가운데에서 오른쪽을 심B로 한다.

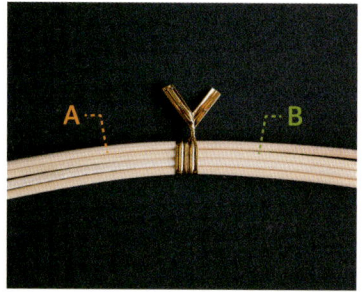

1 환심(이하 심) 4줄을 가지런히 모아
서 가운데에 표시를 한다.

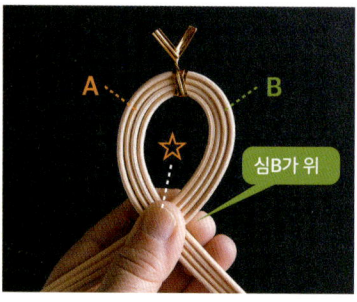

2 심A 위에 심B를 겹쳐서 고리를 만든
다. 교차점을 손가락으로 누른다.

심B가 위

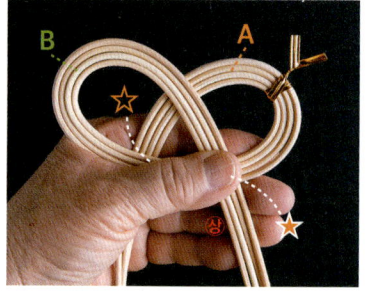

3 왼쪽 아래의 심B로 고리 하나를 더
만든다. 교차점(★)을 손가락으로 누
른다.

심B를 움직이는 방법

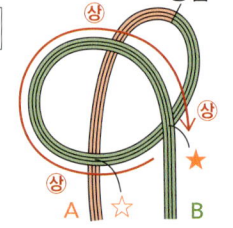

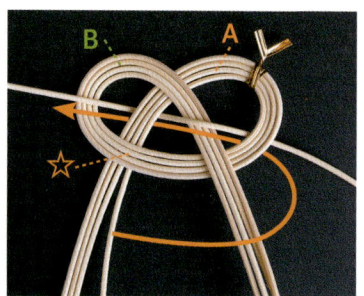

4 왼쪽 아래의 심A를 안쪽에서 1줄씩
화살표처럼 고리 속으로 통과시킨다.

심A를 움직이는 방법

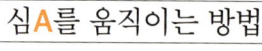

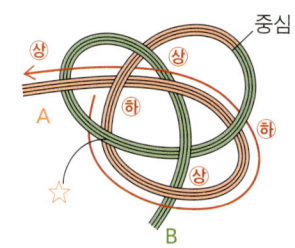

5 4줄 다 통과시킨 모습. 이를 '아와지
매듭'이라고 한다.

◆2 모양을 잡는다

1 아래쪽 고리 두 개를 사진과 같이 잡고 양쪽으로 당겨서 가운데 고리를 작게 조인다. 고리 크기의 기준은 사진의 치수를 참조한다.

2 그런 다음 심의 교차점(1의 ▲)을 손가락 사이에 끼워서 누르고 심**B**를 1줄씩 당겨서 가운데 고리와 크기가 일정해지도록 조금씩 조인다.

폭의 기준

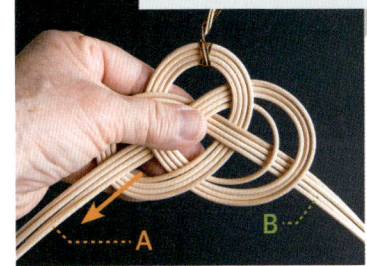

3 심의 교차점(1의 ▲)을 손가락 사이에 끼워서 누르고 심**A**를 2와 똑같은 방법으로 조금씩 조인다. 폭의 기준은 7.5~7.8㎝.

◆3 연속해서 엮는다

1 심**A**를 위에 놓고 심**B**로 고리를 만든다(◆-3과는 위아래가 반대 방향이 되므로 주의한다). 교차점(●)을 손가락으로 누른다.

심B를 움직이는 방법

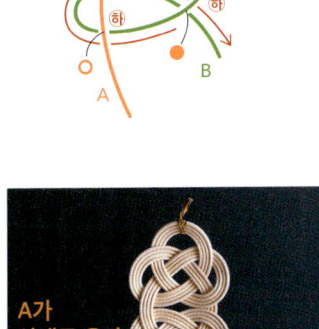

2 왼쪽 아래의 심**A**를 안쪽에서 1줄씩 화살표처럼 고리 속으로 통과시킨다.

3 ◆2와 똑같은 방법으로 모양을 잡는다.

4 아와지 매듭 세 번째는 ◆1과 똑같은 방법으로 엮어 모양을 잡는다.

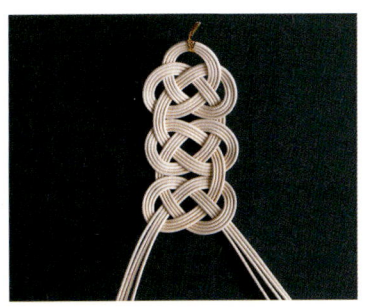

5 아와지 매듭 세 개가 완성되었다.

안쪽에서 본 모습
심 끝은 비스듬히 잘라서 평평하게 한다.

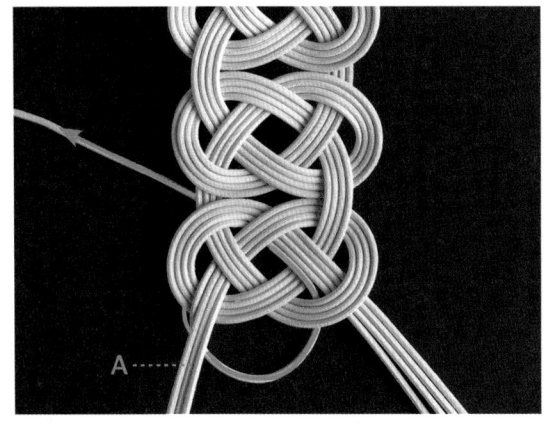

1 심**A**를 바깥쪽에서 1줄씩 화살표처럼 통과시킨다.

2 남은 심을 안쪽에서 자른다.

자른다 ·······
······· 자른다

액세서리에 응용

아와지 매듭을 반복하는 횟수에 따라 분위기가 싹 달라집니다.
조금 노력해서 원형 볼(아와지 구슬)로 만들어도 귀여워요.
물수건받침은 굵기 2.5mm의 환심을 사용했지만 액세서리를 만들 때는 굵기 2mm의 환심이 좋습니다.

Arrange

Photo_P.37	*Photo_P.37*	*Photo_P.36*

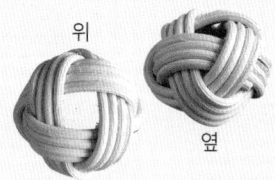
위
옆

비녀

● **재료**
환심 / 굵기 2mm
└ 55cm 3줄
비녀 부자재 1개

● **완성 치수 :**
길이 약 5cm×폭 4.5cm

❶ 아와지 매듭 한 개를 만들어서 매듭 끝처리(◆)를 한다.
❷ 액세서리 부자재인 비녀를 수예용 접착제로 고정한다(또는 실로 묶는다).

프랑스풍 비녀핀

● **재료**
환심 / 굵기 2mm
└ 70cm 3줄
길이 약 11cm의 비녀 스틱 1개

● **완성 치수 :**
길이 약 8.5cm×폭 4.5cm

❶ 아와지 매듭을 연속해서 두 개를 만들고 매듭 끝처리(◆)를 한다.)
❷고정 도구인 비녀 스틱을 끼워 넣는다. 환심은 취향에 따라 염색해도 좋다.

머리끈

● **재료**
환심 / 굵기 2mm
└ 130cm 1줄
머리끈 원하는 길이 1줄

● **완성 치수 :**
지름 약 2.5cm

❶ 아와지 구슬을 만든다(P.129 아와지 구슬을 만드는 방법 참조).
❷ 원하는 길이의 머리끈을 끼워서 묶는다. 환심은 취향에 따라 염색해도 좋다.

3 안쪽으로 조금 둥글어지도록 모양을 잡는다.

완성

아와지 구슬을 만드는 방법

아와지 매듭을 기초로 작은 구슬을 만듭니다. 첫 번째에 묶은 구슬을 토대로 해서 그 구슬에 심을 끼워 넣는 횟수로 밀도를 조절합니다. 머리끈 작품에 사용한 구슬은 심을 네 번 끼워 넣었습니다.

1 심**A**의 길이를 30㎝로 하여 아와지 매듭을 만들고 (P.126 ◆ 참조) 심**B**를 화살표와 같이 고리에 끼워 넣는다. 고리 네 개의 크기는 똑같이 한다.

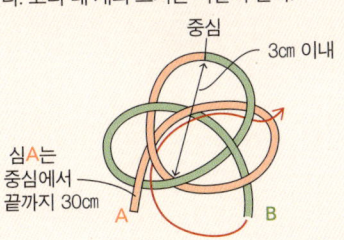

중심

3㎝ 이내

심**A**는
중심에서
끝까지 30㎝

B

2 심**B**를 끼워 넣은 모습. 꽃잎 네 장 모양이 된다. 각각의 고리를 아래쪽으로 둥글게 모양을 잡아 구슬의 토대를 만든다.

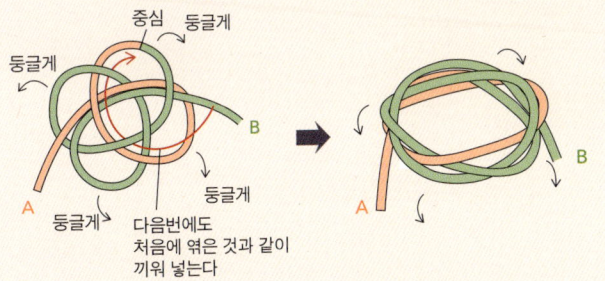

중심
둥글게
둥글게
B
A
둥글게
둥글게
다음번에도
처음에 엮은 것과 같이
끼워 넣는다

A
B

3 나머지 세 번은 **1**과 똑같은 방법으로 심**B**를 끼워 넣어 모양을 잡아가며 예쁜 구슬을 만든다. 마지막에 심**B**를 화살표와 같이 끼워 넣는다.

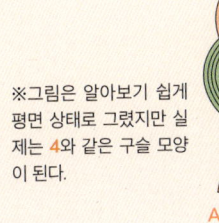

중심

※그림은 알아보기 쉽게
평면 상태로 그렸지만 실
제는 **4**와 같은 구슬 모양
이 된다.

A
B

4 남은 심을 자른다.

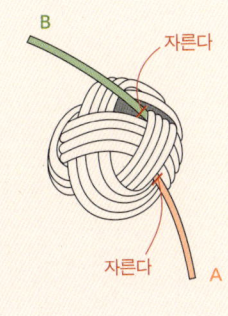

B
자른다
자른다
A

S. 장바구니

● 재료

환심 / 굵기 2.5mm
- 날대 95cm 14줄
- 날대 110cm 6줄
- 덧날대 50cm 16줄
- 감기용 사릿대(심대 전체) 350cm 2줄
- 감기용 사릿대(심대 연결 부분) 70cm 2줄
- 사릿대 205g

환심 / 굵기 4mm
- 심대 35cm 2줄

토대용 나무판 20cm×45cm

접착테이프

● 완성 치수 : 가로 약 22.5cm× 높이 약 17cm×바닥 폭 15cm(손잡이 제외)

약 17cm

약 22.5cm

How to make

◆1 바닥을 짠다 >>> 2줄 꼬아엮기, 따라엮기, 3줄 꼬아엮기

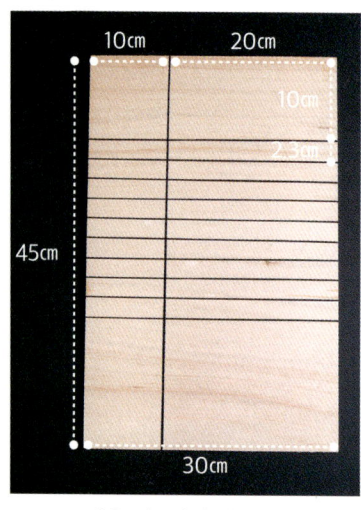

1 토대용 나무판에 안내선을 그린다. 치수는 사진 참조.

● = 날대(95cm)의 왼쪽 끝에서 47cm 떨어진 위치를 맞춰 붙인다

47cm   48cm

2 95cm짜리 날대를 가로 방향의 가이드선(폭 2.3cm) 위에 접착테이프로 붙인다. 맨 위의 4줄은 안내선을 중심으로 위 2줄, 아래 2줄이 되도록 놓는다. 그런 다음 2줄, 2줄, 2줄, 4줄은 안내선의 아래쪽을 따라 놓는다(총 14줄).

POINT

접착테이프는 날대 묶음과의 사이에 틈이 생기지 않게 세로 방향의 안내선을 따라 붙인다.

6줄

4줄

중심

날대(110cm) 끝에서 55cm 떨어진 위치를 맞춘다

각 2줄

4줄

3 110cm짜리 날대 6줄을 2의 날대 사이에 세로 방향의 안내선을 따라 끼워 넣는다. 날대의 중심(끝에서 55cm)을 맞춘다.

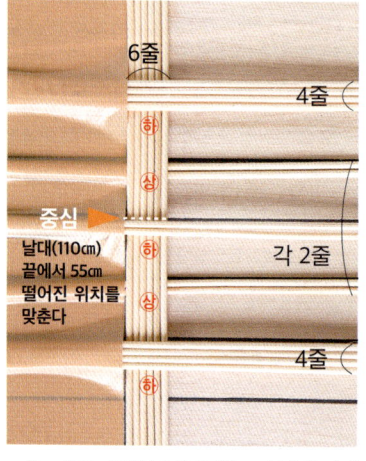

사릿대

4 부드러운 사릿대를 반으로 접어서 110cm짜리 날대 맨 위에 걸친다.

날대를 교차시킨 후 90도 각도로 꺾어서 구부린다.

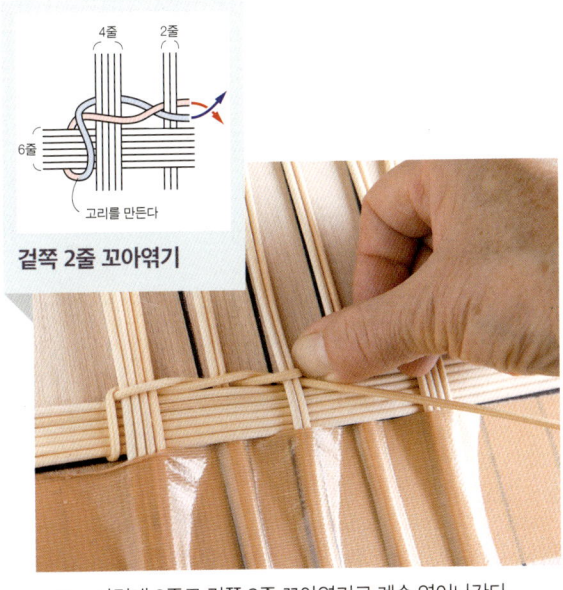

겉쪽 2줄 꼬아엮기

5 사릿대를 세로 날대의 오른쪽 옆에서 교차시켜 고리를 만들고 가로 날대의 위와 아래로 뻗는다(6의 그림 참조).

6 사릿대 2줄로 겉쪽 2줄 꼬아엮기로 계속 엮어나간다.

7 끝까지 오면 180도 각도로 돌려서 똑같은 방법으로 엮어나간다. 날대 한 묶음을 엮을 때마다 접착테이프를 벗긴다.

8 1바퀴를 엮으면 토대용 나무판에서 떼어낸다.

쉬어둔다

9 2바퀴째도 똑같은 방법으로 엮는다. 3바퀴째는 사릿대 1줄(★)로만 날대를 2줄씩(사릿대를 위 2줄, 아래 2줄 순서로 통과시킨다) 나눠가며 막엮기로 1바퀴를 짠다.
막엮기 … P.81❷-1~5

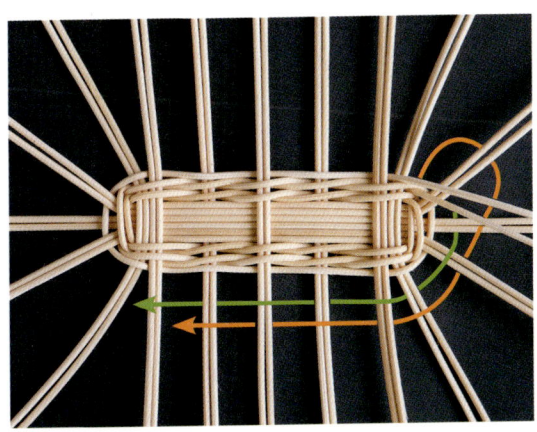

10 3바퀴째를 다 짠 모습. 모든 날대가 2줄씩 나뉘어 있다. 그런 다음에는 사릿대 2줄로 앞의 사릿대를 따라가듯이 번갈아가며 막엮기를 한다. 이를 '따라엮기'라고 한다(P.132 그림 참조).

131

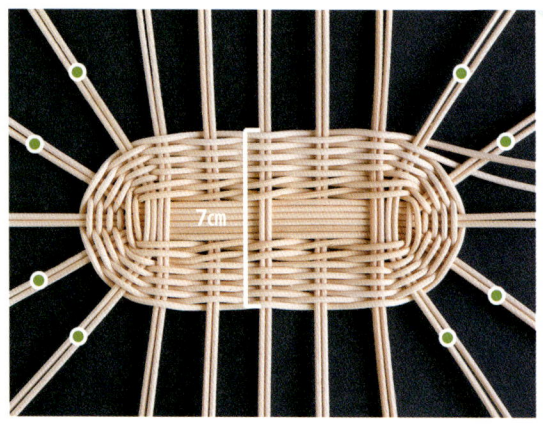

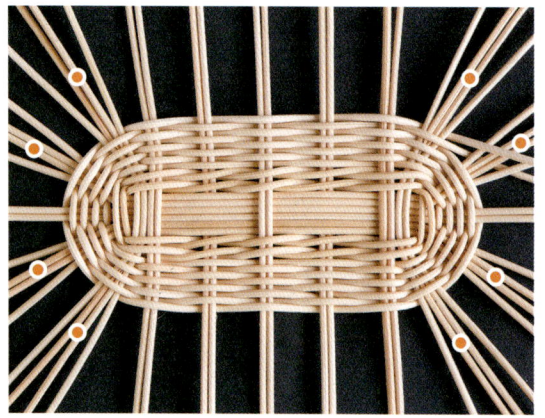

따라엮기

11 따라엮기로 폭이 7㎝가 될 때까지 짠다.

12 11의 ●로 표시한 날대 가운데에 송곳을 찔러 넣어서 틈을 벌린다. 그 부분에 끝을 비스듬히 자른 덧날대(●)를 2줄 1묶음으로 해서 끼워 넣는다(P.88❸-1~3참조).

13 따라엮기로 1바퀴를 짜고 덧날대를 끼운 부분의 날대를 2줄씩 나눠서 그 상태로 폭이 9.5㎝가 될 때까지 따라엮기를 한다.

따라엮기의 사릿대 2줄

추가한 사릿대

14 사릿대 1줄(본체 1바퀴 길이보다 길게)을 사진과 같이 날대 사이에 추가한다.

자른다

15 3줄 꼬아엮기로 1바퀴를 짜서 마지막에 단을 없애고 오른쪽 끝의 사릿대를 자른다.
3줄 꼬아엮기, 단 없애기 … P.106❸

② 옆면을 엮고 테두리를 마무리한다 >>> 3줄 꼬아엮기, 젖혀 마무리
(날대 2줄 앞에서 젖히기)

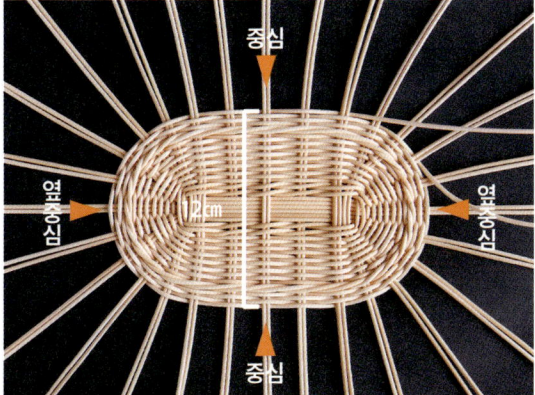

1 3줄 꼬아엮기를 한 후 모든 날대를 물로 촉촉하게 적셔 부드럽게 만들고 못뽑이를 사용해서 세로 방향으로 집는다. 그런 다음 폭이 12㎝가 될 때까지 평평하게 따라엮기를 한다.

2 ❶ 날대를 손가락 사이에 끼워서 일정한 간격으로 정리한다.

❷ 날대를 둥글게 만들며 세워 올리고 따라엮기로 높이 10㎝까지 짠다.

❸ 날대를 안쪽으로 조금 꺾으면서 높이 15㎝까지 따라엮기를 한다. 날대의 양쪽 옆중심, 앞, 뒷면의 중심이 어긋나지 않도록 날대의 폭을 확인해 가며 짠다.

※바닥을 짜는 도중에 확인해서 한쪽으로 기울었으면 밀어 올려(또는 밀어 내려) 평평하게 한다.

끝부분은 0.5~0.8㎝ 남겨놓는다.
※다른 날대 1줄을 함께 자르지 않도록 주의한다.

3 높이 15㎝까지 짜면 날대 2줄 중 오른쪽 1줄을 자른다. 전부 똑같은 방법으로 자른다.

테두리 안쪽
남은 날대를 테두리 옆에서 자른다.

4 P.132의 ❶-14와 똑같은 요령으로 사릿대 1줄(본체 1바퀴 길이보다 길게)을 날대 사이에 추가한다. 3줄 꼬아엮기로 1바퀴를 짜서 마지막에 단을 없앤 후 각각의 사릿대를 자른다. **3줄 꼬아엮기, 단 없애기**···P.106 ◆

5 날대를 물로 촉촉하게 적셔 부드럽게 만든 후 못뽑이를 사용해서 가로 방향으로 집고 젖혀 마무리(날대 2줄 앞에서 젖히기)로 테두리를 마무리한다.
젖혀 마무리 ··· P.107 ◆

133

◆3 손잡이를 단다(앞면)

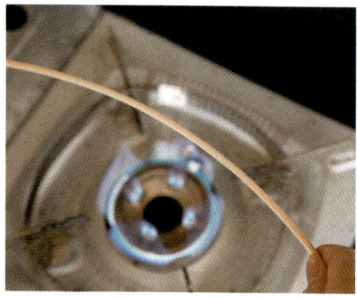

1 지름 4mm짜리 환심(35cm)을 가스레인지의 불(중불)에 쬔다.
※태우지 않도록 주의한다.

2 뜨거울 때 손으로 조심스럽게 구부리며 둥글게 만든다.

3 2줄을 만든다. 심대의 폭은 다 짠 바구니의 심대 부착 위치(기준은 날대 5줄 분량)에 맞춘다.

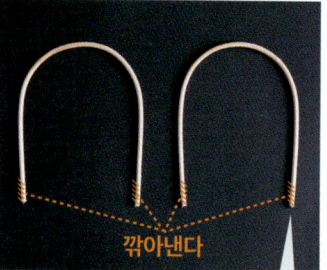

깎아낸다

심대 끝은 사진의 위치 정도까지 끼운다.

테두리
3단

옆에서 본 모습
심대 끝은 앞, 뒷면을 칼로 얇게 깎아서 납작하게 만들어놓는다(두께 1mm 정도).

앞 ←→ 뒤
1mm

심대 부착 위치
(날대 5줄 분량이 기준)
중심
약 11cm

4 심대 부착 위치는 중심의 날대에서 좌우 두 번째 날대의 바깥쪽. 이 부분에 송곳을 넣어서 틈을 벌린다.

중심
약 10.5cm

5 3의 심대를 끼워 넣는다.

감기용 사릿대를 끼우는 위치

P.135~139 ◆3-6~◆4까지의 과정에서 본체에 감기용 사릿대를 끼워 넣는 위치.
녹색 숫자는 앞면, **오렌지색** 숫자는 뒷면의 순서.

왼쪽
심대

8 6 4 2
1 3 5 7 9

앞면 처음에 감기용 사릿대를 끼우는 위치
뒷면 감기용 사릿대(심대 연결 부분)를 끼우는 위치

오른쪽
심대

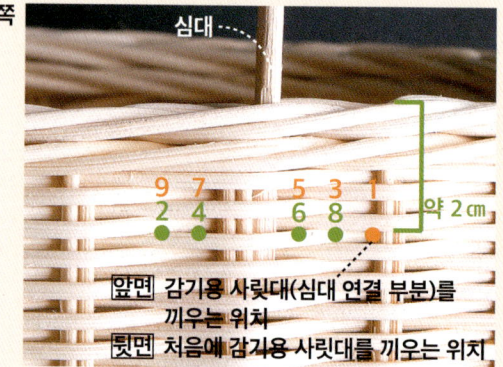

9 7 5 3 1
2 4 6 8
약 2cm

앞면 감기용 사릿대(심대 연결 부분)를 끼우는 위치
뒷면 처음에 감기용 사릿대를 끼우는 위치

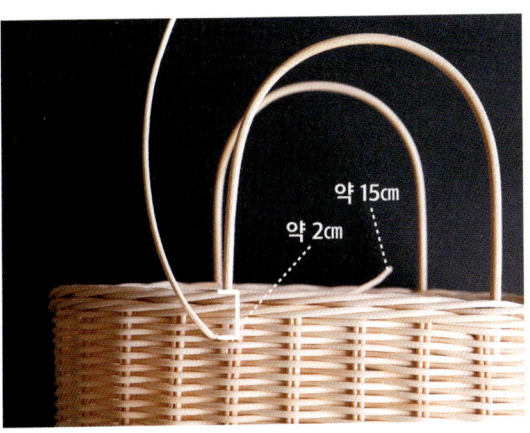

6 감기용 사릿대 350㎝를 '감기용 사릿대를 끼우는 위치 1(P.134)'에 겉쪽에서 안쪽으로 끼워 넣는다. 사릿대 끝은 약 15㎝를 남겨 놓는다.

7 감기용 사릿대를 심대에 왼쪽 방향으로 둘러 감는다. 기준은 네 번. 풀어지지 않게 단단히 감는다. 비틀어지면 부러지니 주의한다.

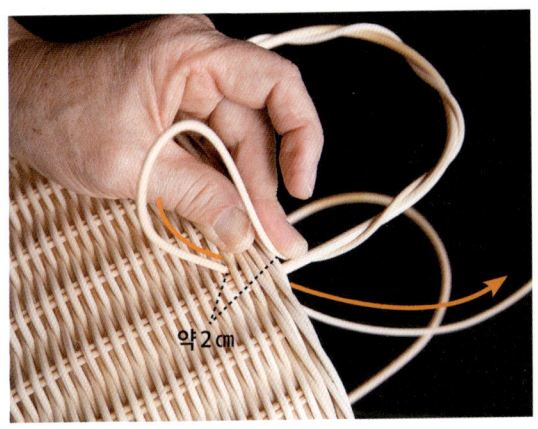

8 심대의 오른쪽 끝까지 오면 '감기용 사릿대를 끼우는 위치 2(P.134)'에 겉쪽에서 안쪽으로 끼워 넣는다.

9 감기용 사릿대를 7~8에서 감은 사릿대에 딱 붙여서 되접어 꺾는다. 느슨해지지 않도록 빈틈없이 둘러 감는다.
※알기 쉽게 염색한 감기용 사릿대를 사용했다.

10 심대의 왼쪽 끝까지 오면 '감기용 사릿대를 끼우는 위치 3(P.134)'에 겉쪽에서 안쪽으로 끼워 넣는다.

11 9와 똑같은 방법으로 되접어 꺾어서 심대에 둘러 감는다.
※알기 쉽게 염색한 감기용 사릿대를 사용했다.

12 심대의 오른쪽 끝까지 오면 '감기용 사릿대를 끼우는 위치 4(P.134)'에 겉쪽에서 안쪽으로 끼워 넣는다.

13 9와 똑같은 방법으로 되접어 꺾어서 심대에 둘러 감는다.

14 심대의 왼쪽 끝까지 오면 '감기용 사릿대를 끼우는 위치 5(P.134)'에 겉쪽에서 안쪽으로 끼워 넣고 오른쪽 끝까지 똑같은 방법으로 둘러 감는다.

15 심대의 오른쪽 끝까지 오면 '감기용 사릿대를 끼우는 위치 6(P.134)'에 겉쪽에서 안쪽으로 끼워 넣는다.

16 9와 똑같은 방법으로 되접어 꺾어서 심대에 둘러 감는다.

17 심대의 왼쪽 끝까지 오면 '감기용 사릿대를 끼우는 위치 7(P.134)'에 겉쪽에서 안쪽으로 끼워 넣는다.

18 계속해서 오른쪽 끝까지 감으면 '감기용 사릿대를 끼우는 위치 8(P.134)'에 끼워서 똑같은 방법으로 되접어 꺾고, 왼쪽 끝까지 감으면 '감기용 사릿대를 끼우는 위치 9(P.134)'에 겉쪽에서 안쪽으로 끼워 넣는다.

19 안쪽으로 나온 감기용 사릿대를 심대의 연결 부분에 한 번 감는다.

위에서 본 모습
※알기 쉽게 염색한 감기용 사릿대를 사용했다.

20 그렇게 5~6회 정도 빈틈없이 감은 후 감기용 사릿대 끝을 화살표와 같이 심대 연결 부분에 끼운다.

마무리 위치의
감기용 사릿대

안쪽

시작 위치의
감기용 사릿대

21 다 감은 감기용 사릿대의 끝을 안쪽으로 빼낸 모습.

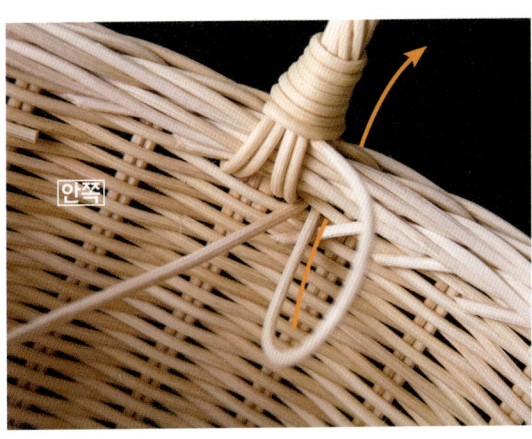

안쪽

22 마무리 위치의 감기용 사릿대를 시작 위치에서 겉쪽으로 빼낸다.

23 겉쪽으로 빼낸 모습.

24 오른쪽 옆의 날대 1줄을 건너뛰어서 두 번째 날대의 왼쪽 옆에 끼워 넣는다.

안쪽

25 감기용 사릿대를 꽉 잡아당겨서 조이고 남은 사릿대를 잘라낸다.

137

26 시작 위치의 감기용 사릿대는 오른쪽 옆의 날대 1줄을 건너뛰어서 두 번째 날대의 왼쪽 옆에서 겉쪽으로 빼낸다.

27 다시 한 번 오른쪽 옆의 날대 1줄을 건너뛰어서 두 번째 날대의 왼쪽 옆에서 안쪽으로 빼낸다.

28 감기용 사릿대를 꽉 잡아당겨서 조이고 남은 사릿대를 자른다.

29 오른쪽은 '감기용 사릿대를 끼우는 위치(P.134)'의 ●에 80㎝짜리 감기용 사릿대를 끼워 넣는다.

30 P.137의 **19~21**과 똑같은 방법으로 감기용 사릿대를 심대 연결 부분에 6~7회 정도 둘러 감아서 안쪽으로 빼낸다.

31 P.137~138의 **22~28**과 똑같은 방법으로 감기용 사릿대의 양끝을 처리한다.

손잡이를 단다(뒷면)

기본은 앞면과 똑같은 방법으로 달지만 감기용 사릿대의 순서가 앞면과 반대이며 둘러 감는 방향도 달라지니 주의한다.

1 심대를 끼워 넣고 길이를 조정해서 감기용 사릿대 350㎝를 앞면과 똑같은 요령으로 감기 시작한다. 먼저 오른쪽 끝의 ● 'P.134 감기용 사릿대를 끼우는 위치 **1**'에 감기용 사릿대를 끼워 넣고 안쪽으로 빼낸 후 <u>오른쪽 방향</u>으로 심대에 둘러 감는다.

2 심대의 왼쪽 끝까지 오면 '감기용 사릿대를 끼우는 위치 **2**(P.134)'에 겉쪽에서 안쪽으로 끼워 넣는다.

3 감기용 사릿대를 1~2에서 감은 사릿대에 딱 붙여서 되접어 꺾는다. 느슨해지지 않도록 빈틈없이 둘러 감는다.

4 '감기용 사릿대를 끼우는 위치(P.134)'의 순서대로 감기용 사릿대를 계속 감는 작업을 총 5회 왕복으로 반복한다.

5 심대의 오른쪽 연결 부분을 앞면과 똑같은 요령(P.137~138◆-19~28 참조)으로 처리한다. 왼쪽 연결 부분도 80㎝짜리 감기용 사릿대를 ●(앞면의 **1**●)에 끼우고 P.138의 ◆-29~31과 똑같은 방법으로 처리한다.

완성

Information

∻ 라탄, 도구 문의처

라탄, 도구 세트

라탄 바구니 교실 쓰무기
https://www.tsumugi-basket.jp

※홈페이지 문의처를 통해 신청하세요.

<공구 주머니>

파란색 버전도
있어요

라탄, 공구 세트
<세트 구성>

라탄	환심 굵기 2mm(300g) 1묶음	**공구**	가위(16cm / 곡선 날)
	굵기 2.5mm(300g) 1묶음		못뽑이(15cm)
	굵기 4mm(40cm) 2줄		송곳(14.5cm / 스테인리스)
	굵기 5mm(40cm) 2줄		쓰무기 오리지널 공구 주머니(노란색 또는 파란색)

● **구입은 세 가지 유형 중에서 선택할 수 있습니다**

A. 책+라탄, 공구 세트
B. 라탄, 공구 세트만
C. 쓰무기 오리지널 공구 주머니만

※환심만 판매하지 않습니다.

∻ 촬영에 사용한 소품 종류 문의처

식물
cache-cache
일본 후쿠오카 현 후쿠오카 시 주오 구 야쿠인
1-2-9 #103
TEL. 092-751-7387
https://cachehana.exblog.jp/

옷
sirone
일본 후쿠오카 현 후쿠오카 시 주오 구 야쿠인
1-14-25 쓰루야 빌딩 1F
TEL. 092-737-2226
https://www.sirone.net/

천
CHECK & STRIPE
TEL. 078-381-6444
그 외 기치조지 점을 포함한 직영점 5곳
http://checkandstripe.com/

가구, 잡화
TRAM
일본 후쿠오카 현 후쿠오카 시 주오 구 야쿠인
1초메 6-16 하쿠타 빌딩 202
TEL. 092-713-0630
https://tram2002.com/

과자
la clé
일본 후쿠오카 현 후쿠오카 시 주오 구 아카사
카 3초메 10번 49호 아카사카 산아이 맨션
103호
TEL. 092-731-2458
http://lacle-mari.com/

감사의 마음을 전합니다

나카무라 구미코
미즈카미 마유미
기바야시 미키
가기야마 마리

우류 마유미
나카가와 미키
가사사쿠 유코
이토 교코

니시야마 마사코
후쿠시마 슈사쿠
오쓰카 히로마사

시바타 도키오

촬영_photo office overhaul 오쓰카 히로마사

지은이 작품 디자인, 제작, 사용방법 제안, 교정

라탄 바구니 교실 쓰무기

일본 후쿠오카 현에 있는 라탄 바구니 공방 겸 교실로, 1982년부터 라탄 공예를 가르치고 있는 시바타 후미코(하세가와 마사카쓰에게 사사), 두 딸 시바타 마리코, 후지사키 미사코가 함께 운영하고 있다. 각각의 라이프스타일에 맞춰 심플하면서도 튼튼한 바구니 만들기를 제안한다.

홈페이지 https://www.tsumugi-basket.jp
인스타그램 @tsumugi_basket

처음 시작하는 라탄 공예
액세서리에서 바구니까지 일상 소품 23

초판 1쇄 발행	2020년 5월 30일
초판 2쇄 발행	2020년 10월 30일

지은이	라탄 바구니 교실 쓰무기
옮긴이	김한나
감 수	조인명
펴낸이	임현석

펴낸곳	지금이책
주소	경기도 고양시 일산서구 킨텍스로 410
전화	070-8229-3755
팩스	0303-3130-3753
메일	now_book@naver.com
홈페이지	jigeumichaek.com
등록	제2015-000174호

ISBN   979-11-88554-35-5 (13630)

* 이 책의 내용을 무단 복제하는 것은 저작권법에 의해 금지되어 있습니다.
* 잘못되거나 파손된 책은 구입하신 서점에서 교환해드립니다.
* 책값은 뒤표지에 있습니다.

이 도서의 국립중앙도서관 출판예정도서목록(CIP)은 서지정보유통지원시스템 홈페이지(http://seoji.nl.go.kr)와 국가자료종합목록 구축시스템(http://kolis-net.nl.go.kr)에서 이용하실 수 있습니다.
(CIP제어번호 : CIP2020015016)

STAFF

북 디자인	기무라 유카리(닐슨디자인사무소)
촬영	마쓰모토 노리코
일러스트	안도 요시코
교정	기구시 가쓰코
모델	misako
편집	나카타 사나에

촬영 협조

cache-cache
sirone
TRAM
la clé
CHECK & STRIPE
※문의처는 P.140 참조

※이 책에 기재된 상품 정보 등은 2018년 11월 현재 기준입니다.